준규네
홈스쿨

준규네 홈스쿨

초판1쇄 인쇄 2019년 6월 14일
초판1쇄 발행 2019년 6월 21일

지은이 · 김지현
발행인 · 강혜진
발행처 · 진서원
등록 · 제2012-000384호 2012년 12월 4일
주소 · (03938) 서울시 마포구 월드컵로36길 18 삼라마이다스 1105호
대표전화 · (02) 3143-6353 / **팩스** · (02) 3143-6354
홈페이지 · www.jinswon.co.kr | **이메일** · service@jinswon.co.kr

책임편집 · 이재인 | **편집진행** · 임지영 | **기획편집부** · 최구영, 이다은 | **표지 및 내지 디자인** · 디박스
표지 및 작가사진 · 물나무 김현식, 이정민 | **종이** · 다올페이퍼 | **인쇄** · 보광문화사 | **마케팅** · 강성우

ISBN 979-11-86647-31-8 13370
진서원 도서번호 19002
값 14,000원

이 도서의 국립중앙도서관 출판예정도서목록(CIP)은 서지정보유통지원시스템 홈페이지(http://seoji.nl.go.kr)와 국가자료공동목록시스템(http://www.nl.go.kr/kolisnet)에서 이용하실 수 있습니다.(CIP제어번호:2019020672)

준규네
홈스쿨

〈영재발굴단〉꼬마 로봇공학자의 성장보고서

김지현 지음

진성원

아이의 개성을 인정하는 용기 있는 가정을 응원하며

준규네 가정에서 발견한 스토리 교육의 좋은 사례

저와 준규네 가정의 인연은 우연한 기회에 〈영재발굴단〉 방송분을 보고, 제 블로그에 준규 이야기를 포스팅하면서부터였습니다. 저는 '지금의 입시 위주 교육으로는 미래 시대를 대비할 수 없는 것을 알지만, 그래도 문제지 풀고, 공부해서 대학 가는 것 말고 어떤 길이 있느냐.'라는 하소연을 전국에서 듣고 있습니다. 그래서 가정 중심의 스토리 교육을 할 수 있는 여러 사례를 말씀드려도 '그게 이론적으로나 가능하지 실제 할 수 있느냐.'는 반론이 많았습니다. 그런데, 방송에 소개된 준규네 사례를 보니 평소에 제가 말하던 이론이나 아이디어를 이미 다 실천하고 있었습니다.

첫째는 아날로그에서 디지털로의 전환이었습니다. 준규는 먼저 종이접기를 시작했고, 여기서 코딩이나 로봇에 대한 공부가 이어졌습니다. 인공지능 시대를 대비한다고 하면서 지나치게 어려서부터 디지털 교육을 시켰을 때의 여러 부작용이 보고되고 있음에도, 막상 교육 현장에서는 이런 점이 간과되는 일이 많았습니다. 그래서 저는 아날로그 감성과 손재주를 먼저 기르고, 이후에 디지털 소프트웨어를 접목시켜야 한다고 주장해왔는데, 준규의 경우가 바로 자연스럽게 그런 경로의 확장을 이룬 좋은 사례였습니다.

둘째로는 영어 교육에 관심 있는 가정이라면 영어유치원이나 학원에만 너무 의존하지 말고, 에어비앤비나 게스트 하우스를 이용한 영어 공부를 해볼 수 있다고 했는데, 준규네는 바로 이를 실천하고 또 준규에게 전 세계의 친구를 사귈 기회를 주고 있었습니다.

셋째로는 서울, 수도권, 아파트라는 획일화된 공간을 벗어나 한옥이나 시골이라는 공간에서의 스토리 만들기를 권했는데, 준규네는 자연스럽게 아파트를 떠나 한옥에 살고 있었습니다.

마지막으로 제가 스토리 교육에서 가장 중요하게 생각하는 것이 부조리한 현실에 대한 분노, 또 이런 모습을 바꾸고자 하는 열정입니다. 한마디로 거룩한 불만족(Holy Discontent)이라고 할 수 있습니다. 그런데 영상 속 준규가 제천 화재 참사를 보며 더 이상 이런 참사가 없었으면 하는 마음으로 화재 현장 인명 구조 로봇을 만들고 싶다고 하는 것을 보고 저는 거룩한 불만족을 느낄 수 있었습니다.

새로운 길을 걷는다는 두려움, 시행착오, 기쁨까지!

물론 준규가 보통의 평범한 아이는 아닙니다. 어려서부터 남다른 몰입 능력과 감수성이 있었습니다. 또 이런 준규만의 개성을 인정해주고, 홈스쿨링이라는 길을 선택한 엄마 아빠의 용기와 노력도 있었습니다. 하지만 준규 같은 아이만 특별한 길을 찾아나서야 할까요? 이제 남들 하는 만큼 해서 얻을 수 있는 일자리는 점점 줄어듭니다. 우리 아이들이 살아갈 인공지능과 4차 산업혁명이 본격화되는 시대에는 우리가 아는 일자리의 반은 사라지고, 새로운 직업이 수없이 생겨날 것이라고 합니다. 그런데 언제까지 우리 아이들에게 주어진 문제지나 풀고 하나의 정답만을 찾으라고 해야 할까요?

이미 1980년대 미국 하버드 대학 교육심리학 교수인 하워드 가드너는 아이들의 재능이 암기력과 계산 능력에 기초한 문제지 푸는 것에만 국한되지 않는다고 했습니다. 하지만 그의 '다중지능' 이론이 나온 지 40년이 다 되어가는 지금도 여전히 암기력과 계산 능력이 뛰어난 상위 10~15% 아이들만 기죽지 않고 학교를 다니는 게 현실입니다.

그렇기 때문에 저는 진정한 '다중지능 교육'과 우리 아이들 각자의 개성에 맞는 맞춤형 교육(Customized Education)을 하기 위해서는 교육의 중심을 가정으로 가져와야 한다고 생각합니다. 물론 이 말은 집에서 부모가 아이들에게 국영수를 가르쳐야 한다는 말이 아닙니다. 가정 중심으로 인성과 지혜 교육을 하고, 아이가 가지고 있는 천부적인 재능은 입시라는 틀에서 벗어나 좀 더 넓은 세상에서 구현될 수 있도록 부모가 돕는 교육입니다.

과연 그런 교육이 가능할까 하는 의심도 들지만, 준규네처럼 어느덧 그런 교육을 하고 있는 가정이 하나 둘 생기고 있습니다. 문제는 우리 부모 세대가 그런 교육을 받아 보지 못했고, 문제지 풀고 대학 가서 살 길을 찾은 세대이기 때문에 새로운 패러다임의 적응이 쉽지 않다는 것입니다. 하지만 이미 미래는 우리 삶 곳곳에 가까이 다가와 있습니다. 두려워하지 말고, 할 수 있는 것부터 하나하나 실천해보며 우리 아이와 가정에 맞는 교육을 찾아야 할 때라고 생각합니다.

이 책에는 준규네 가정이 겪었던 많은 시행착오와 두려움 그리고 새로운 길을 가며 발견한 예상치 못했던 기쁨들이 잘 녹아 있습니다. 가장 인상 깊은 모습은 준규만의 방법을 인정해주고 그대로 따라가주었을 때, 준규가 행복해하는 모습을 보며 엄마 아빠도 행복과 만족을 느낄 수 있었다는 것입니다. 새로운 교육을 한다고 모두가 사회에서 원하는 수준의 업적과 성취를 얻을 수 있는 것은 아닙니다. 하지만 아이가 만족하고 행복하다면 굳이 큰 성취를 이루지 않아도 그 자체로 큰 의미를 가질 수 있습니다. 어떤 것보다 아이의 행복이 가장 중요하다는 분명한 신념과 가치관을 조금씩 확고히 해나가면 남들이 가지 않는 길도 걸어볼 용기를 낼 수 있을지도 모릅니다.

심정섭
더나음연구소 소장, 《학군지도》, 《입시지도》, 《역사 하브루타》, 《1% 유대인의 생각훈련》 저자

길 잃은 부모들을 위한 강렬한 텍스트!

나는 열세 살 꼬마가 아니라 주체적인 한 인간을 만났다

부모들은 아이를 잘 키워놓기만 하면 그 후의 열매가 어떤지 잘 알고 있다. 그러나 어떻게? 잘 키운다는 것은 과연 무엇일까? 스스로도 불완전하고 미성숙한 '어린이들'이 부모의 견장을 달았다는 이유로 자식을 잘 키우겠다고? 아이가 태어났을 때 약속했던, 훌륭한 사람으로 기르고 싶다던 맹세는 다 헛소리였다. 부모는 이미 알고 있었다.

어른들은 꿈을 꾸라고 강요하지만 아이들에겐 꿈을 꿀 기회가 없다. 허락되지도 않는다. 장래에 관해 생각할 여지도 없다. 가망 없게 기만적인 지금 한국 교육은 저 높은 보좌에 앉아 세상에 등급을 부여하며 남들과 똑같이 걷고 말하고 행동하라고 다그친다. 불가피하게 억압과 상실감을 안겨주면서. 그러나 누구도 타인이 될 수 없다.

내가 어떻게 살아가고 있는지는 타인과 있을 때 좀 더 명백해진다. 나를 어떻게 표현하고, 다른 사람들과 어떻게 관계하느냐 하는 것은 자신이 얼마나 견고한 사람인지 알 수 있는 확실한 테스트이기 때문이다. 준규를 처음 보았을 때 나는 생각의 자유로운 유영을 보았다. 활달하나 넘치지 않고, 자기 확신이 또렷하나 과장되지 않으며, 사랑받는 법을 알고 있지만 어른의 구미에 맞도록 자기를 가다듬지 않았다. 요컨대 나는 열세 살 난 꼬마가 아니라 주체적인 한 인간의 모습을 보았다. 그리고 준규의 그 형상에는 자기 삶을 건축할 수 있게 아이를 부축한 부모의 용맹스러운 사려가 있었다.

부모는 아이의 여행을 위해 짐 챙기는 것을 도와줄 뿐

아이를 양육하는 일이야말로 혼란 그 자체이다. 한때 기댔던 지표들은 다 바뀌고 계속 새로운 지표가 생겨난다. 이때 양식이 있고 상식을 아는 부모조차 어느 편에도 가담하지 못하는 자신에게 낙심한다. 안전한 것이 언제나 옳은 것은 아니기 때문에. 그런데 준규는 남들이 보지 못하는 것을 스스로 발굴했다. 좌절된 문을 열고 나와 생의 놀라운 모험 속으로 뛰어들었다. 급기야 타인의 허용과 무관하게 자기만의 마이크를 잡고, 하고 싶은 이야기를 하기 시작했다.

앞서 가는 아이들에 대한 소문들이 드라이아이스처럼 피어오를 때,

바깥세상의 막강한 통계로부터 벗어나 이너 서클로부터 열외가 된다는 것은 어떤 종류의 두려움일까? 준규는 어떤 확신으로 기존의 학습 규율을 거부할 수 있었을까? 날개를 갖기 위해 '고립'의 길을 택한 그 부모는 엄청난 중압감으로부터 어떻게 스스로를 설득했을까?

저자는 자녀의 행로 옆에서 동반하며 이따금 아이가 어디에 서 있는지 좌표값만 말해줄 뿐이다. 마치 여행 가방을 꾸리는 것과 같다. 아이들은 여행지에서 무엇을 할지, 가방에 무엇을 넣어야 하는지는 알지만, 짐 꾸리는 것에는 약하다. 이때 부모의 역할은 짐 챙기는 것을 도와주는 한편 올바른 가방을 선택하게 하는 것이다. 그러면 아이는 가본 적 없는 여행지에서 두려움 없이 탐험하며 도시의 새로운 지도 편찬자가 될 것이다. 즉 준규는 꿈의 경계선 위에 서 있었고, 그 엄마는 안내했다.

자녀가 다른 사람과의 또 다른 관계라는 것을 인지하지 못하는 부모의 비극은, 아이의 마음에 신비스러운 우주가 깃들어 있다는 생각을 못한다는 것이다. 왜냐하면 아이는 부모의 인질이고, 부모는 통념의 인질이 되어 자기를 잃어버리니까. 그렇다면 이 책은 아이와 부모가 함께 도약한 맹렬한 성장기라 할 것이다.

다른 여행자들과 멀리 떨어져 앉고 싶던 초여름, 나는 나무 대문을 열고 계동 준규네 집으로 들어갔다. 준규네 한옥은 세태로부터 독립된 채 다소곳한 품위를 드러내고 있었다. 나무들과, 주변의 한옥들과, 작곡가들이 음계를 채보하던 새들의 노래에 강보처럼 감싸인 채. 그 집은 한국을 여행하는 외국인들을 위한 에어비앤비이기도 한데, 그들은 18세기

한국 목가구처럼 검박하고 우아한 한국의 아름다움을 잊지 못한다. 그리고 종달새처럼 다가와 친구가 된 아이의 사랑스러운 총명함도.

나는 서로의 등을 두들겨줄 만큼의 거리로 배치된 마당에 서서 머리에 기와를 얹은 처마 사이로 난 사각형 하늘을 올려다보았다. 작은 하늘은 무한의 공간으로 펼쳐져 있었다. 그리고 다락이 있는 작은 집에서 불안으로부터 일어난 생존자들의 나날에 대해 들었다. 이런 마음을 가진 집에서라면 온종일 구름이 지나가는 광경을 볼 수 있을 것 같았다.

저자는 말했다.

"여행 갔을 때 가끔 어느 길로 갈지를 두고 준규하고 갈등할 때가 있는데, 그때 준규가 가자고 하는 길로 가면 대체로 그 길이 더 멋지고 드라마틱해요."

준규가 마음의 필터를 절대로 통과하지 않게 하는 것은 무엇일까? 준규가 잡은 미래의 모습은 어떤 것일까? 이 아이가 만드는 세상은 얼마나 내밀하고 또 충만할까? 그것은 또 어떤 경험의 상징이 될까? 어떤 형태이든 어떤 취향으로든 자신감은 소년의 세계에 매우 중요하다. 결국 준규와 김지현 씨의 이야기는 갈피를 잃고 공포심으로 서성거리는 부모들을 위한 가장 강렬한 텍스트인 것이다.

이충걸
《GQ KOREA》 초대 편집장, 《완전히 불완전한》, 《엄마는 어쩌면 그렇게》 저자,
박정자의 연극 〈11월의 왈츠〉, 〈브람스를 좋아하세요〉 작가

홈스쿨링을 결정하던 그날 밤

"엄마, 학교는 왜 다니는 거예요?"

초등학교 1학년 1학기 어느 날, 아침 등교 준비를 하며 신발을 신던 준규가 내게 물었다.

순간 가슴이 쿵 내려앉았다. 언젠가 일어날 것 같았지만, 내 능력으로 감당이 안 되는 일일 것만 같아 모른 척 덮어 두고 있었다. 아이의 눈을 보며, 그 질문의 무게가 가볍지 않음을 직감할 수 있었다.

그날부터였던 것 같다. 아이로 인해 들춰진 일에 대해 고민하기 시작한 것이. 그리고 교육적 대안을 찾아보기 시작했다. 여지가 보이면 아이도 혼란스러워할까봐 전혀 내색하지 못했다.

그렇게 2년이 흘렀다. 여름 방학을 마치고 개학을 앞둔 준규의 히스

테리는 걷잡을 수 없을 만큼 심해져 있었고, 잔뜩 가시를 세운 고슴도치 같았다. 평소보다 심각하다는 것을 감지한 나는, 남편에게 아이가 심상 치 않음을 설명하고 셋이 함께 대화해보기를 권했다. 하지만 아이는 이렇게 말했다.

"싫어요. 어차피 내가 얘기해봤자 바뀌는 건 하나도 없잖아요."

학교에 가고 싶지 않은 이유를 묻자 처음에는 아무 말도 하려고 하지 않았다. 학교를 다녀야 한다는 상황이 바뀌지 않을 것 같다는 체념과 성난 포기가 섞여 있는 듯했다. 퉁명스럽게 말을 내뱉는 아이를 보며 욱하는 마음이 생겼지만, 그 마음을 누르며 조용히 하나씩 묻기 시작했다.

수업 시간에는 왜 힘든지.
친구들과는 어떤 문제로 힘든지.
선생님과의 관계는 어떤지.

이야기를 듣다 보니 아이가 무엇 하나 기대할 것도, 기댈 곳도 없어 보여서 마음이 아팠다. 아이는 이야기를 하다가 얼굴이 벌게져서는 끝내 토로하고 말았다.

"매일 아침 학교 갈 때마다 지옥으로 걸어 들어가는 것 같아요."

순간 말문이 막혀버렸다. 어떤 말로도 아이를 위로하거나 설득할 수 있을 것 같지 않았다. 금세 폭발해서 터져버릴 것만 같아 보였다. 아이는 이미 학교라는 곳에 대해 큰 벽을 쌓은 듯 보였고, 그 어떤 소리도 들리지 않는 것 같았다. 섣불리 설득하려다가 부모인 우리에게까지 벽을 칠 것 같아 한마디 한마디가 조심스러웠다. 내 아이가, 새장 속에 갇혀서 울고 있는 어린 새 같았다. 엄마이기에 생기를 잃어가는 것이 보였고, 더 늦었다가는 정말로 돌이킬 수 없을 거라는 예감도 들었다.

세상사에 찌든 회사원도 아닌데 하루하루를 견디고 버텨야 한다고 아이에게 말할 수는 없었다. 그건 분명히 아니었다. 지금의 결정이 설령 실수일지라도, 그 실수를 기회로 만들어보고자 하는 용기가 생겼다. 그렇게 남들보다 조금 일찍 성장통을 겪으며 2년여의 고민에 마침표를 찍었다.

막상 학교를 관두고 보니 예상보다 괜찮았다. 오히려 이렇게 마음이 편해도 되나 싶었다. 2년이라는 시간은 남과 다른 길을 걸어야 할 내가, 용기를 내기 위해 필요한 시간이었다는 것을 나중에야 깨달았다. 또한 학교 밖에서의 시간을 위해 필요한 것은 방법이 아니라 방향이었다는 것도.

어느덧 홈스쿨을 시작한 지 3년이 다 되어간다. 여전히 시행착오를 겪고 있고 앞으로도 그러하겠지만, 평생 무기력한 채로 지낼 것만 같았던 아이도 조금씩 자기만의 방식으로 세상을 향해 날갯짓을 하려는 모습이 보이기 시작했다. 아이 얼굴에서 차츰 미소가 보이고 생기가 돌기 시작했다.

아이를 위해 학교를 나왔을 뿐인데, 이 작지만 용감한 행동이 어느새 우리 가족의 인생 전체를, 삶의 방식을 조금씩 변화시키고 있었다. 그리고 우리만의 방식으로 행복한 시간을 충분히 보내면서도 그 안에서 내 아이만의 고유한 빛깔을 찾아주는 것이, 어쩌면 이 시대에 또 다른 교육적 대안이 될 수도 있지 않을까 생각하게 되었다.

고민의 시간 동안 학교 밖 다른 길을 가는 것에 대한 정보가 필요했지만 구하기 쉽지 않았다. 같은 고민을 하고 있는 사람들을 찾기 위해 주변을 둘러보았지만 그마저도 여의치 않았다. 그래서 용기를 내기까지 더 고통스러웠는지도 모르겠다. 이 책은 나와 같은 고민을 하고 있는 이들에게 조금이나마 도움이 되었으면 하는 마음으로 시작하게 되었다.

남들이 다 한다고 내 아이도 당연히 해야 하는지, 아이가 아닌 부모가 원하는 길은 아닌지 잠깐 멈춰 서서 아이를 보자. 내 아이의 표정이 어떠한지, 그리고 이 아이가 진정으로 행복한 하루를 살고 있는지…….

다른 길을 모색하는 이들에게, 남들이 가지 않는 길이더라도 조금의 용기를 내어 한 발 떼어보라고 말하고 싶다. 생각보다 더 재미있고, 예상치 못한 일들이 펼쳐질 수도 있다고. 그렇지 않더라도 스스로 길을 만들며 나만의 목적지에 닿는 인생도 의미 있지 않겠냐고 말이다.

준규 엄마, 김지현

목|차

| 둘째마당 |

학교를 안 다니면 문제아인가요? 64

| 셋째마당 |

준규야, 엄마는 네가 부러워 126

| 번외마당 |

엄마, 나는 아기였을 때 어땠어요? 184

TIP

목차 | 가다나순

SOS

'학교 밖 다른 길 찾기' 저자에게 물어보세요!

준규네 이야기를 더 듣고 싶다면,
또는 책을 읽다 궁금한 점이 있다면 지금 당장 무엇이든 물어보세요.

저자 김지현의 블로그(blog.naver.com/junkyunet) → 〈준규네 홈스쿨 QnA〉에 질문을 남기면 저자가 직접 답변해드립니다. 또한, 강연이나 새로운 소식도 접할 수 있으니 언제든지 방문해보세요!

엄마, 학교는
왜 다녀야 해요?

설렜던 입학식이 지나고…
견디자, 견뎌보자

아이를 초등학교에 보낼 때 부모들 역시 아이들만큼이나 설레고 두렵
다. 내 아이가 학교에 잘 적응할지, 학교 수업은 잘 따라갈지, 친구들하
고는 잘 지낼지 그리고 어떤 선생님이 담임이 될지 등 걱정을 할라치면
밤을 새고도 부족하다. 하지만 자식 키우는 데 가장 필요 없고 쓸데없는
것이 미리 하는 걱정이라 하지 않았던가.

어느 책에 나온 대로 나는 준규가 학교라는 곳에 대해 미리 걱정하기
보다는 기대감을 안고 시작할 수 있도록 최대한 격려해주었다. 그렇게
준규는 입학식 날 상기된 표정으로 재학생들의 환영 공연과 교장 선생
님의 따뜻한 격려사를 들으며 학교에 첫발을 내디뎠다. 그러나 훗날 돌
이켜보니 나는 매일 아침 학교 가는 길이 무섭기만 한 아이에게 "질문
많이 하고 와."라고 해맑게 인사하는 현실을 보지 못하는 엄마였다.

엄마, 시험에서 100점을 맞으면 뭐가 좋아요?

준규는 어려서부터 승부욕이 강하고 본인의 실수를 잘 받아들이지 못하는 기질의 아이였다. 그래서 준규의 부족한 부분을 채울 수 있도록 인성 위주의 교육을 하는 학교를 선택했다. 학교를 다닌 지 1년쯤 됐을 무렵 아이가 내게 물었다.

"엄마, 시험에서 100점 맞으면 뭐가 좋은 거예요?"

학기 초만 해도 준규는 받아쓰기 시험에서 실수로 한두 개라도 틀리면 본인 스스로 화가 나서 어쩔 줄 몰라했다. 실수한 거니 다음에 잘하면 된다고 아무리 말해도 소용이 없었다. 그러던 아이가 1학년 2학기쯤 되니 시험에서 몇 개 틀려도 무덤덤한 모양이었다. 신기해서 괜찮냐고 물어보니, 100점이라고 해서 선생님이 더 칭찬해주는 일은 없기 때문에 몇 개 틀려도 상관없다고 말했다.

걱정되는 부분도 있었지만, 그래도 어린 준규가 문제 몇 개 틀린 것으로 본인의 실수를 탓하며 괴로워하는 것보다는 차라리 낫다 싶었다. 하지만 나중에 학교를 관둘 즈음, 어쩌면 준규는 이 학교에서 본인의 유능감을 발휘할 기회가 전혀 없었고 앞으로도 없을 것이라고 예상했는

학교 친구들과 나무 아래에서 흙장난 중(만 7세)

지도 모르겠다는 생각을 했다. 너무 부모의 이상으로만 아이를 키우려 했던 것은 아니었는지 뒤돌아보게 되었다. 학습적인 성취가 중심이 되는 학교였다면 아이가 도전할 만한 것이 있고, 본인의 재능을 발휘할 수 있어서 오히려 학교생활을 좋아하지 않았을까 하는 아쉬움도 있었다. 하지만 다 지나고 나서야 보이는 것을 후회해봤자 소용없는 일이었다. 그나마 조금 누그러진 승부욕에 감사하는 편이 차라리 속 편했다.

다만, 나중에 본인이 하고자 하는 무언가가 생겼을 때 그것을 할 수 있는 집중력을 키워주고, 견뎌낼 수 있는 마음을 단단히 해주는 것이 훨씬 더 중요하다 생각했다. 그러려면 일단 초등학생 때는 충분히 뛰어노는 것이 답이라 생각하여 아이가 충분히 놀 수 있도록 했다. 그래서 준규는 학교 다니는 내내, 해가 지도록 놀다가 하교할 때가 많았다.

학교는 다 그래… 놀면서 시간을 견뎌보자

학교에서 어떤 성취감도 느끼지 못한 채 왜 지루한 시간을 견뎌야만 하는지 의구심을 키워가는 아이를 보며 그냥 앉아만 있을 수는 없었다. 나는 학교를 관두는 일은 용기가 나지 않아 감히 생각지도 못했고, 학교 밖에서라도 성취감을 느끼며 성장할 수 있도록 도와주려 노력했다.

근본적인 해결책이 되지는 못했을지라도 더 많이 도전하게 하고, 주말이나 방학 때는 친구들과 더 많이 놀러 다니며 여행할 수 있도록 하면서 그렇게 학교 밖 시간을 채워나갔다. 그렇게 학교 밖에서의 즐거운 시간들을 통해 학교 안에서의 시간을 버틸 수 있도록 도와주고 있다고 생각했다.

수업 마치고 학교 담장 아래서 수박 먹으며 딱지 놀이 중(만 8세)

주말에 학교 친구들과 강아지를 데리고 삼청공원과 말바위 쉼터 등산하고 놀기(만 8세)

하교 후 실컷 놀다 집으로 돌아온 아이가 주머니에서 꺼내놓은 매실과 앵두(만 8세)

기질적으로 모험심이 강한 아이라, 등하굣길부터 혼자 가보는 게 어떻겠냐고 제안했다. 1학년 때는 아직 부모들이 등하교를 도와주던 때라 불안하기는 했지만 그렇게라도 학교 가는 길이 조금이라도 더 기다려지고 즐거워졌으면 했다. 학교 마치고도 엄마 눈치 안 보고, 실컷 놀 수 있으니 아이도 기꺼이 해보겠다며 좋아했다. 처음에야 모든 부모들이 그렇듯 몰래 숨어서 잘 가고 오는지 확인하기도 하고, 하교 시간이 지나도 오지 않는 아이 때문에 속 태운 적도 있었다. 하지만 이내 아이도, 나도 익숙해졌다. 실컷 놀고, 더 이상 놀 친구들이 없거나 혹은 일찍 집에 오고 싶어지면 본인이 원하는 시간에 학교에서 돌아왔다. 집에 돌아온 아이의 주머니는 돌멩이, 나뭇가지, 열매 등으로 가득했다. 그냥 그 정도면 됐다고 생각했다. 잘 놀고 있으니 됐다고…….

하지만 근본적인 문제가 해결되지 않아서인지 아이는 학교가, 그리고 공부라는 것이 다 재미없다는 편견을 조금씩 키워가고 있었다. 호기심으로 하루를 가득 채우던 아이가 서서히 시들어가는 모습을 보니 참으로 안타까웠다.

종이접기로 채워진 시간들 ─ 친구와의 문제

학교에 들어가고 나서 아이 책가방에는 늘 종이접기가 수북했다. 수업 시간에 활동들을 하고 나서 기다리는 시간이 지루해 종이를 접을 때가 많다고 했다. 한때 종이접기는 학교에서 준규의 지루한 시간을 견디게 해주는 친구였다. 그런 이유인지 학교에 들어간 후 종이접기에 가속도가 붙었고, 그렇게 준규가 접은 작품들을 친구들이 좋아해주는 것 같았다. 종이접기를 통해 친구와 더 친해지기도 하고, 때로는 좋아하는 친구에게 마음을 표현하기도 했다.

하루는 준규가 학교에서 돌아오자마자 방에서 종이를 접느라 바빴다. 뭘 그렇게 많이 접고 있느냐고 물었더니, 신이 나서 이렇게 말하는 것이었다.

준규: ○○가 내일까지 레이싱 카 열 개를 접어오면 잡기놀이에 나를 끼워주겠대.

엄마: ……? 그럼 오늘은 아무하고도 못 놀았어?

준규: 아니, 다른 애들하고 놀았지. 그런데 나는 ○○하고 놀고 싶거든.

○○는 준규가 가장 좋아하는 친구였다. 그런데 교실을 이동하는 음악시간에 그 친구 옆에 앉으려고 시도할 때마다 번번이 준규를 발로 차며 못 앉게 한다고 했다. 마음을 표현하는 법이 서툴구나 싶었지만, 내가 도와줄 수 있는 부분이 아니라 언젠가 친해지길 기다리며 바라보고만 있었다. 그런데 아이는 신나는 표정으로 종이를 접으며 친구와 가까워지기 위해 노력하고 있었다. 아이들에게 흔히 있는 일이구나 싶으면서도 그 당시에는 은근히 속이 부글거리기도 했다.

모든 아이가
학교에 잘 적응하는 것은 아니다

남들과 다른 것을 좋아하던 준규

　내가 초등학교 4학년이던 봄, 부모님이 교통사고로 심하게 다치신 적이 있었다. 일찍 퇴원하신 아버지와 달리 엄마는 병원 중환자실에 한 달을 계셨고, 그 와중에 학교 소풍이 있어서 외할머니께서 우리 집에 오셨다. 소풍날 아침, 무뚝뚝하고 무서웠던 외할머니는 아침 일찍 일어나 김밥을 싸주셨다. 엄마 김밥보다 세 배나 굵어 보이는 크기로……

　소풍 가는 내내, 평소와는 다르게 거칠고 투박해 보이는 커다란 김밥을 떠올리니 점심시간이 두려워지기 시작했다. 결국 나는 점심시간에 배가 고프지 않다는 핑계를 대고 도시락을 꺼내지 않았다. 아니 꺼내지 못했다. 친구들 것과는 다른 크기의 투박한 김밥이라는 이유만으로 말이다. 사실 김밥이 문제가 아니라 내 마음이 엄마의 부재로 인해 작아져 있다는 것을 그때는 알지 못했다.

소풍 가는 날이라 아빠와 함께 나선 등굣길이 신난 준규(만 7세)

여전히 그 기억이 생생한 것을 보면, 그날의 마음이 두고두고 불편했던 모양이다. 나도 여느 초등학생들처럼 다른 아이들과 달라 보이는 것, 친구들보다 못한 것에 대해 보이지 않는 열등감이 있었던 것 같다. 마치 소풍 도시락 김밥의 지름이 정해져 있기라도 했던 것처럼 말이다.

준규가 초등학교 1학년 때 일이다. 소풍을 가게 되어, 아이에게 도시락을 어떻게 싸줄까 물었다. 준규는 자기가 김밥을 그리 좋아하지 않으니 샌드위치를 싸달라고 했다. 다른 아이들은 대부분 김밥을 싸오지 않겠냐며 마음을 바꿔보려는 의도로 여러 차례 물었지만 아이는 단호했고, 결국 샌드위치를 싸주었다.

그날 오후 소풍에서 돌아온 아이에게 도시락은 맛있었냐고 물었더니 아이의 대답이 참 신선했다. 너무 신난 목소리로 아이가 말했다 "엄마, 글쎄 아이들이 모두 다 도시락으로 김밥을 싸 왔더라고요. 제 도시락만 샌드위치였어요." 내심 놀라서 아이에게 물었다. "그래서 어땠어?" 아이가 의외의 대답을 했다. "그래서 참 좋았어요. 저만 샌드위치라서."

나는 그날, 내 어릴 적 외할머니의 김밥이 생각났다. 크기가 친구들

것과 같지 않다는 이유만으로 나는 김밥을 꺼내지도 못했는데, 준규는 자기 것이 달라서 너무 좋았다고 했다. 그래서 요즘 애들은 다 저런가? 하며 신기해했던 기억이 있다.

평균적 인간이 되기 위해 소극적으로 변한 아이

그런데 준규가 2학년, 3학년이 되면서는 조금씩 달라졌다. 친구들이 하는 것으로, 친구들과 비슷한 것으로 맞추려고 하는 것 같았다. 나는 이 또한 그럴 때라 그런 거라고 생각했다. 초등학교 때는 특히나 남들과 다른 것에 대한 거부감이 클 때니까 당연하다고 생각했다. 그런데 한편으로는 다르다는 이유로 배척당하기 두려워서가 아닐까 하는 걱정스런 마음도 들었다. 뭐가 맞는지는 모르겠다.

토드 로즈의 책 《평균의 종말》(21세기북스, 2018)에 소개된 이야기다. 1940년 말, 미국 공군 조종기의 원인 모를 추락 사고가 잇따라 발생하여 전투기 조종석 설계 검토를 실시하게 된다. 전투기 조종석은 1926년경 남성 조종사 수백 명의 신체 치수를 잰 뒤 이 자료를 기준으로 조종석 규격을 표준화해서 만들어진 것이었다.

그런데 공군의 신체 치수 재측정 업무를 맡았던 길버트 S. 대니얼스 중위는 20세기 초반 집중되었던 이른바 '전형화', '평균화'가 얼마나 의미 있는 수치인가에 대하여 의심을 품고 있는 사람이었다. 대니얼스는 조사된 데이터들을 다시 살펴보기 시작했고, 결국 조종사 4,063명 가운데 10개 전 항목에서 평균치에 정확히 해당하는 사람이 단 한 사람도 없다는 사실을 발견하게 된다. 표준화된 조종석은 결국 그 누구에게도 맞지 않게 설계된 것이었다.

1952년에 대니얼스는 이렇게 말한다.

"많은 사람들이 '평균적 인간'의 관점을 취하는 사고 경향에 곧잘 빠지는데 이는 조심해야 할 함정이다. 평균적인 공군 조종사를 찾기가 사실상 불가능한 이유는 이 집단만의 어떤 독특한 특징 때문이 아니라 모든 인간의 특징, 즉 신체 치수의 극도의 다양성 때문이다."

결국 공군은 평균을 기준으로 삼던 관행을 버리고 개인 맞춤형을 새로운 지침 원칙으로 삼으면서 설계 철학에서 비약적 진전을 이뤘다.

신체 치수조차도 개개인은 저마다 다른 개별성을 가지고 있다. 신체 치수가 그러한데 하물며 인간의 뇌로부터 비롯되는 생각은 말할 것도 없을 것이다. 모든 사람의 생각이 같을 수 없고, 개개인의 취향도 제각각일 수밖에 없다. 그런데 학교는 여덟 살이면 무조건 1학년 수업을 일관된 수준으로 선생님이 주는 만큼 들어야 한다. 기초 교육, 의무 교육이라는 미명 아래 그 평균에 맞춰진 교육에 힘들어하거나 지루해하면 학습 부진아 또는 인내심이 부족한 아이인 것처럼 본다. 심지어 문제아 취급을 받기도 한다.

어쩌면 학교라는 사회에서 만드는 평균적 사람으로 아이들이 길들여지면서, 평균이라는 알 수 없는 목적에 사로잡혀 때론 낙오자로, 때론 우월감을 갖고 인생을 살아가게 되는 것은 아닌지 염려스럽다. 처음 시작은 김밥 하나, 옷 입는 취향 같은 하찮은 것이겠지만 나중에는 왕따라는 무서운 집단 따돌림까지 이어지는 것은 아닌지 하는 우려심도 든다.

그저 성향이 달랐을 뿐, 틀린 게 아니다

준규는 또래 친구들에 비해 인지가 조금 빠른 편이었다. 그러다 보니 평소 준규의 말투나 행동이 친구들에게는 잘난 척으로 느껴졌을 수도 있다. 이런 점을 준규도 느끼고 있었던 것 같다. 잘난 척하는 게 아닌데 친구들이 그렇게 느낄까봐 준규는 언젠가부터 친구들의 눈치를 보며 친구들 앞에서는 원하는 바를 모두 표현하지 않았다.

준규는 어느 집단에서도 튀는 아이였다. 존재감 없이 조용히 앉아 있기보다는 화려한 언변으로 이야기를 이끌어가길 좋아했다. 목소리도 작지 않다. 그 덕분에 여자 친구들로부터는 유머러스하고 재미있다는 말을 들을 때가 많았지만, 남자 친구들로부터는 왠지 잘난 척하는 느낌의 아이로 받아들여질 때가 있는 듯했다.

준규의 1학년 때 담임 선생님은 준규가 자기만의 색깔이 있고 자유로운 영혼을 지닌 사랑이 넘치는 아이라고 했지만, 3학년 때 담임 선생님은 준규가 선생님 지시에 잘 따르지 않는 다루기 어려운 아이라고 말했다.

아마도 준규는 선생님 말씀에 무조건 따르기보다는 왜 따라야 하는지를 되물었을 것이다. 준규는 늘 '왜?'를 알고 싶어 했다. 어떤 행동을 하더라도 왜 해야 하는지 납득이 되지 않으면 고분고분히 지시를 따르는 법이 없었다. 준규의 이런 행동이 선생님에게는 건방져 보였을 수도 있다. 이후 준규는 스스로 말하길 자기는 선생님에게 그저 성가신 존재가 된 것 같다고 말했다. 이미 문제아로 낙인이 찍혔기 때문에 어떤 일을 해도 좋게 보이지 않을 것이라고.

결국, 같은 아이지만 누가 어떻게 보느냐에 따라 완전히 다르게 받아들여질 수 있다. 내 아이가 완벽해서, 잘나서 혹은 부족해서, 못나서 사람들과 어울리지 못하는 것이 아니라 단순한 성향 차이 때문일 수도 있다. 내가 다른 모든 이를 만족시킬 수 없듯이 우리 아이도 모든 사람에게 예쁨을 받을 수 없다. 내가 이 이야기를 하는 이유는 내 아이가 어떤 친구들, 어떤 담임 선생님과 원만한 관계를 형성하지 못했던 것은 내 아이의 잘못도 아니고, 그 친구들, 그 선생님의 문제도 아니라는 말을 하고 싶어서다. 그저 그들과 성향이 달랐을 뿐이다.

엄마, 학교는 왜 다녀요? — 새로운 길을 모색하다

1학년 1학기를 마쳐갈 무렵, 등굣길에 나서느라 마루에서 신발을 신던 아이가 진지한 목소리로 내게 물었다. "엄마, 학교는 왜 다녀야 해요?" 질문을 하던 아이의 그 간절하고도 진지한 눈빛을 떠올리면 아직도 미안하고 울컥해진다.

처음에는 그럭저럭 괜찮아 보였다. 워낙 에너지가 넘치는 남자아이다 보니, 학교 끝나고 친구들과 운동장에서 실컷 놀 수 있는 것만으로도 만족스러워 보였다. 하지만 아이가 학교를 왜 다녀야 하는지 묻던 그날 이후 내 마음은 바빠졌다.

그 질문을 받았던 아침은 무척 당황스러웠다. "친구들과 놀려고 가는 거 아닐까?" "우리나라에서는 초등학교가 의무 교육이야. 준규가 왜 다니는지 6년 동안 이유를 찾아보면 어떨까?" 등의 대답이 나의 한계였다. 그날 이후 그 이유를 찾아 생각하고 또 생각했다. 하지만 긴 시간 동안 아이에게 해줄 수 있는 좋은 대답을 찾지 못했다.

아이는 그 질문을 다시 하지 않았지만 나는 아이의 질문에 대한 답 또는 대안이 될 만한 것들을 조용히 찾기 시작했다. 왜냐하면 내 스스로도 그 질문에 대한 근본적인 답을 찾지 못했기 때문이었다.

대안학교, 홈스쿨링, 유학 등 다른 교육 환경에 대한 고려가 시작되었다. 아이에게는 내색하지 못했다. 학교를 다니지 않아도 된다는 여지가 있을 경우 아이 스스로도 혼란스러울 것이라고 생각했기 때문에, 조용히 그리고 조심스럽게 알아보았다.

혹시나 아이가 하나라서 너무 아이에게 몰두하는 것이 아닌가 싶어 겁이 나던 때도 있었다. 이도 저도 아닌 이런 상황으로 6년을 보내는 것은 아닌가 걱정되기도 했다. 남들은 잘만 다니는 학교를, 내 욕심으로 더 좋은 교육을 해주겠다고 과욕을 부리는 것은 아닐까 의심도 해보았다.

그럴수록 나는 나를 개발하기 위한 수업들을 들으며 공부를 더 열심히 했다. 나를 위한 곳으로 내 시선을 돌려가며 시간이 흐르도록 내버려둔 것 같다. 내가 너무 유난스러운 엄마의 시선으로 보고 있는 것은 아닌가 혹은 내 아이는 다르다는 생각의 이면에는 다른 아이들보다 특별하다는 우월감이 숨어 있는 것이 아닐까 끊임없이 의심했다.

끊임없이 고민을 하던 시기(만 7세)

지금도 그 시간을 생각하면 내 인생에서 가장 외롭고 힘든 시기였던 것 같다. 온전히 나의 인생도 아니었기에 나 혼자 결정할 수 있는 문제도 아니었지만, 아이에게 결정하라고 할 수 있는 문제도 아니었다. 비슷한 길을 걷고 있는 사람들을 만나기가 생각보다 쉽지 않아서 마땅히 상의할 만한 곳도 없었다. 아이 아빠는 그저 나를 좋은 엄마라며 응원할 뿐이지, 고민을 같이하는 충분한 대화 상대가 되지는 못했다. 그도 그럴 것이 남편 또한 그런 경험이 없을뿐더러, 육아에 있어서는 본인보다 내가 한 수 위라며 늘 한 발 뒤에서 응원하며 지켜볼 뿐이었기 때문이다.

결단!
한 달간 학교를 쉬어보자

준규의 홈스쿨링 미리보기

학교를 다녀야 하는 이유를 묻는 아이의 질문을 받고 1년쯤 지났을 무렵이다. 아이의 짜증은 점점 늘어갔고 지친 기색이 역력했다. 본인도 적응하기 위해 애쓰고 있는 것 같았지만, 아이의 스트레스가 너무 심해지는 듯 보여 하루는 아이와 진지한 대화를 시도했다.

집 근처 정독도서관 야외 벤치에 앉아, 아이스크림을 먹으며 조심스레 이야기를 꺼냈다. "준규야, 학교 다니는 게 어떠니?"라고. 준규는 수업 시간도 너무 지루하고, 선생님도 싫고, 친구들과도 그저 그렇다고 했다. 하지만 학교는 무조건 다녀야 하는 것 아니냐고 되물었다.

준규에게 조심스럽게, 지난 1년 동안 대안이 될 만한 교육 환경들에 대해 알아보았다고 털어놓았다. 그리고 준규에게 말했다.

"준규가 혼란스러워할까봐 말하지 못했는데, 이제는 엄마가 마음의 준비가 된 것 같아. 네가 원한다면 홈스쿨링을 할 수 있으니 생각해볼래? 갑자기 결정하는 게 어렵고 두려우면 한 달 정도를 쉬어보는 방법도 있어."

삼청공원 숲속 도서관에서 여유 있게 독서 중(만 8세)

그랬더니, 아이가 요즘은 조금 참을 만하다고 일단은 다녀보겠다는 의외의 대답을 했다. 그런데 그 대화를 나눈 후 신기하게도 아이는 180도 달라졌다. 그동안 학교생활 때문에 피곤해서 그러겠거니 하며 넘겼던 짜증이 확 줄어 있는 모습에 우선 놀랐다. 달라진 아이를 보며, 본인이 얼마나 힘들었는지를 엄마가 공감하고 있었다는 그 사실만으로도 아이에게 위로가 되었던 것은 아니었을까 짐작했다.

그렇게 학교를 잘 다니는가 싶더니, 어느 날 "엄마, 지난번에 말씀하신 것처럼 학교를 잠깐 쉬는 것 말인데요……"라며 아이가 조심스레 말을 꺼냈다. 나는 학교 담임 선생님과 상의해보고 그렇게 해보자고 했다. 그 후 학교에 양해를 구하고 한 달 정도, 학교를 쉬었다. 준규가 2학년이던 해, 10월이었다.

한 달 내내 친구들 만나는 자리도 일부러 만들지 않았고, 주말에 여행 가는 일정 또한 되도록 만들지 않았다. 그 당시 나는 커피 로스팅을 배우러 다니고 있었는데, 더 자주 나 혼자 바깥 외출을 했다. 텔레비전도 없는 집이니, 혼자서 하루 종일 뭘 하고 노는지 지켜보며 가만히 내버려 뒀다. 아직 어려 집에 혼자 있는 것이 무섭거나 불편할 수도 있었을 텐데, 아이는 무서운 책이나 영화를 보지 않으면 괜찮다고 했다.

학교를 가지 않는 한 달 동안 준규는 일어나서부터 실컷 책을 보거나 종이접기, 레고 만들기, 모험 소설 쓰기, 산책하기 등으로 하루를 아낌없이 써나갔다. 매일 밤 신나게 모험하는 꿈을 꾼다며, 아침에 눈뜨면 신나는 꿈 이야기로 하루를 시작했다. 은근히 학교 가고 싶은 마음이 들길

마당에서 종이접기로 동물농장을 만들고 노는 중(만 8세)

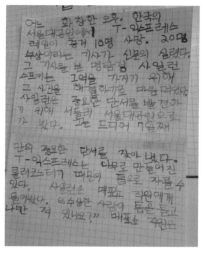
학교를 쉬며 준규가 재미삼아 쓴 모험 소설의 일부(만 8세)

바라며 "친구들 보고 싶지 않니? 학교에 다시 가고 싶지 않아?"라고 물어 봤지만 아이는 단호하게 아니라고 대답했다.

아이의 외로움은 분노로 변해가고 있었다

꿈같던 10월 한 달을 보내고, 처음 약속대로 다시 학교에 가게 되었다. 더 쉬게 하고 싶은 마음과 학교를 다시 가게 되어 반가워했으면 하는 마음이 교차했다. 처음 일주일은 친구들과의 소식을 전하며 신나 보였다. 그런데 일주일 정도가 지나자 아이는 이내 시들해졌다. 아이가 내게 말했다. "엄마, 학교에 다시 가니까 친구들도 반갑고 좋았는데, 일주일 지나니까 그렇지도 않네요." 그렇게 그 학기를 힘겹게 마치며, 나는 여전히 남들과 같은 배에서 내리지 못하겠다는 욕심의 끈을 놓지 못했다.

학교를 쉬는 동안 아이가 정말 건강하고 행복한 하루하루를 보내는 것을 봤으면서도 학교라는 곳을 포기하지 못했다. 말로는 아이에게 너의 의견을 말해보라 했지만, 어쩌면 아이가 흥미 있어 하는 교육청 영재교육원 수업을 빌미로 아이에게 학교를 더 다녀보기를 권했던 것 같다. 그렇게 한 학기가 더 지났다.

이도 저도 아닌 상태로, 서로 누군가의 입에서 결정의 단어가 튀어나오길 기대하며 시간을 기다렸다. 이제 와 생각해보면 그 문제는 아이가 결정할 만큼의 무게가 아니었다. 그런데 나는 그 당시 아이한테 결정권을

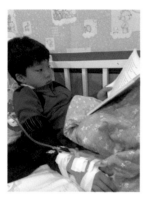
준규의 아픈 마음이 몸도 아프게 했다.
(만 8세)

슬쩍 넘기고 최선을 다한 부모인 양 있었던 것 같다.

그렇게 한 학기를 더 다니던 아이는 거의 시한폭탄 같은 상태로 3학년 2학기 개학을 앞두고 있었다. 방학이 끝나갈 무렵부터 아이의 히스테리가 극에 달하더니 일시적인 틱* 증상(나중에 그것이 틱 증상이라는 것을 알았다.)까지 보이고 있었다.

이미 그때는 분노로 무장되어, 속내를 잘 털어놓으려고 하지도 않았다. 겨우 아이를 달래 들여다본 아이의 마음속에는 수업 시간에 대한 불만족뿐만 아니라, 이미 걷잡을 수 없을 만큼 친구들에 대한 분노로 가득 차 있었다. 그래도 담임 선생님과는 괜찮지 않냐는 나의 질문에 준규는 어이없다는 듯 본인의 일기장을 꺼내 보여주었다. 방학 동안 준규 혼자 이모가 있는 노르웨이에 다녀온 이야기로 가득한 일기장에는 선생님의 답 글이 이렇게 적혀 있었다.

"준규 혼자 노르웨이를 보낸다는 것이 부모님한테도 큰 결심이 필요하셨을 텐데, 준규가 방학 동안 이모와 함께 좋은 경험을 많이 했겠구나. 2학기 때는 좀 더 멋진 모습 기대할게."

지극히 정상적인 선생님의 답 글에 의아해하며 아이를 쳐다보았다.

★   틱(TC)이란 갑작스럽고 빠르며 반복적, 비율동적, 상동적인 움직임이나 소리를 말한다.

그런데 준규가 이렇게 말하는 것이었다.

"엄마, 이것 좀 보세요. 2학기 때 더 멋진 모습 기대한다고 선생님이 써놓으신 걸 보는 순간 저는 정말 화가 났어요. 왜냐하면 지난 학기 내내 우리 선생님은 저를 믿어주지도 않았고, 제게 기대라는 걸 하지 않았거든요. 부모님들이 일기장을 보실 걸 알고 이렇게 써놓으신 거라는 생각밖에는 들지 않았다고요!"

나는 더 이상 아이에게 아무 말도 할 수가 없었다. 준규는 담임 선생님에게조차도 기댈 수 없는 상태였고, 그 외로움은 이미 분노로 변해 있었다.

아이를 위한
엄마의 대안 찾기

홈스쿨링을 결정하기까지 나는 학교에 적응하지 못하는 아이를 위해 엄마로서 할 수 있는 모든 대안을 찾고 실행했다. 아이가 학교에서 느끼는 결핍을 학교 밖에서라도 해소할 수 있도록 도와주었다. 지금 생각해 보면 그렇게 해서라도 아이가 학교에 적응하길 바란 것일지도 모른다. 결국 홈스쿨링을 하게 됐지만, 그간의 나의 노력들은 이러했다.

여행으로 아이의 스트레스 풀어주기

학교생활을 힘들어하는 아이를 보며, 방학 때만이라도 실컷 더 놀게 해주자는 것이 우리 부부의 생각이었다. 겨울 방학 때는 주로 푹 쉬고,

늦잠 자고, 실컷 책 보는 일들로 일상을 채웠다. 그리고 여름 방학이면 아이를 데리고 긴 여행을 했다. 넉넉한 살림은 아니었지만, 에어비앤비[*]처럼 현지 숙박 공유 시스템을 이용하면 가능했다.

기차 옆자리에 앉은 형에게 묵찌빠를 가르쳐주며 함께 노는 중(만 7세)

직장을 다니는 아빠는 사정상 일주일만 합류하고, 아들과 나는 한 달씩, 배낭여행을 했다. 아무래도 정해진 일정을 따라가는 여행이 아니다 보니 시간은 늘 여유로웠다. 갈 때마다 아이와 난 거의 모험 수준의 여행을 하게 되었다. 여행을 하며 아이가 재미있어 했던 것들은 다음과 같다.

- 숙소를 처음 찾아갈 때 아이에게 지도를 주고 찾아가게 하는 미션
- 목적지에 찾아가는 법을 행인에게 물어보기
- 기차에 동승한 친구들과 놀기(예 묵찌빠)
- 간이역에서 내려 5분 안에 마지막 배 타기(나는 짐 담당, 아이는 뛰어가서 배 잡기)

[*]   에어비앤비(Airbnb)는 자신의 집이나 빈방을 상품으로 내놓는 숙박 공유 플랫폼이다. 원래는 전문 숙박업체가 아닌 일반인이 에어베드 같은 잘 곳을 빌려주고 같이 아침 식사도 하자는(Air Bed & Breakfast) 의미로 출발한 사이트지만 지금은 플랫폼이 커져서 공유를 넘어 전문 숙박업으로 운영하는 경우도 있다.

- 자전거 타고 도시 탐색하기
- 전기 안 들어오는 오두막에서 2박 3일 지내기
- 만년설이 있는 산 오르기
- 강가에서 광물 찾기
- 예상치 못한 온갖 돌발 상황들

아이는 여행길에 만난 낯선 이들과 스스럼없이 친구가 되기도 했고, 때로는 아빠 대신 엄마를 보호해야 하는 수호신처럼 책임감을 보여주기도 했다.

새로운 경험을 통해 잠시나마 일상을 잊고 지내는 것만으로도 아이는 다시금 밝아지곤 했다. 낯선 동굴을 탐험하며《톰 소여의 모험》을 상상해보기도 하고, 여행 중 타고 있던 기차가 어느새 커다란 배에 실려 해협을 건너는 황당함을 겪으며 깔깔거리기도 했다. 한없이 지루하고 지옥 같았던 학교로부터 탈피해 즐거운 일상을 만들어나갈 수도 있다는 경험을 선물하고 싶었다.

담임 선생님부터 교장 선생님 그리고 상담소

초등학교 입학 후, 1학기 중에 공식적인 학부모 면담 기간이 있다. 물론 공식적인 면담 기간 말고도 언제든 교사와의 면담을 청할 수는 있다.

사실 담임 선생님과의 면담에서 부모들은 내 아이의 특징이나 기질뿐 아니라, 아이가 가진 약점을 어디까지 이야기해야 하는지에 관하여 수없이 고민한다. 왜냐하면 경우에 따라 정보를 받아들이는 선생님이 우리 아이를 이해할 수 있는 폭이 넓어질 수도, 아이를 바라보는 시선에 편견이나 선입견이 생길 수도 있기 때문이다. 나도 그랬다.

1학년이 끝나갈 때쯤에서야 선생님께 아이가 학교생활을 많이 힘들어했다는 사실을 털어놓고 해외에서 2~3년 정도 지내보는 것에 대한 조언을 구하고자 했다. 1년 동안 준규를 지켜본 선생님은 늘 자신감 있게 자기 색깔을 내고, 자유로운 영혼을 가진 준규라면 오히려 해외에서 더 즐거울 수도 있을 것 같다는 의견을 주기도 했었다.

이리저리 고민하는 사이 아이의 불만은 계속 커져갔고, 결국 2학년 말 즈음에는 교장 선생님을 조심스럽게 찾아뵙기도 했다. 그리 적극적이거나 외향적이지 못했던 나는 교장 선생님을 만나는 것에 대해 수십 번도 더 고민해야만 했다. 두 아이의 엄마이면서 정년퇴임을 얼마 남겨놓고 있지 않은 교장 선생님께 선생님으로서 그리고 엄마로서의 조언을 들어보고 싶었다. 하지만 그날 교장 선생님께 들을 수 있었던 이야기는 학교 밖에서라도 예체능을 충분히 할 수 있도록 그리고 지적 욕구를 충족시킬 수 있도록 도와주라는 말씀이었다. 또 엄마의 기다림과 격려, 지지만이 아이를 건강하게 키울 수 있다는 이야기를 듣고 돌아와야 했다.

그때쯤 아이의 상태를 보며 학교 수업만이 아니라 교우 관계에도 조금씩 문제가 생기고 있다는 것을 눈치챌 수 있었다. 남자아이라 학교에서 있었던 일들을 일일이 말하지 않았지만, 문득문득 아이를 통해 전해지는 이야기에서 알 수 있었다. 꼬치꼬치 캐물을 수도, 그렇다고 덮어놓고 친구들을 탓할 수도 없는 노릇이었다. 결국 속상한 마음을 누르고 찾아간 상담소에서 인지행동 치료를 하며 아이가 조금이라도 덜 힘들게 학교생활을 이어나갈 수 있도록 도와주려 했다.

당시 상담 교수는 학교를 옮겨볼 것을 적극 권했다. 하지만 그 이야기를 했을 때 준규는 전학이 아니라 학교 자체를 거부하고 있었다. 아이는 그냥 지금의 학교를 계속 다녀보거나 아니면 아예 그만두고 싶다고 했다. 그렇게 나는 학교를 나오는 것이 무슨 인생의 실패라도 되는 양, 학교를 다니게 할 수 있는 방법은 그게 뭐든 시도해보고 있었다.

유학? 대안학교? 홈스쿨링?

학교에 다니는 것을 힘들어하는 아이를 보며 여러 가지 대안들을 고민하기 시작했다. 여느 부모들이 그렇듯 처음에는 유학을 고민했다. 그 당시 학교를 그만두게 할 용기는 없었기 때문에 교육 환경이 조금 더 자유로울 것 같은 해외에서 학교를 다니게 해보자는 심산이었다.

가장 좋은 것은 가족이 모두 함께 가는 것이었지만, 현실적으로 아이 아빠는 직장 문제로 해외 거주가 불가능했다. 아이와 아빠가 오랜 시간을 떨어져 지내는 것에 대해 우리 부부는 찬성하지 않았다. 하지만 불가

피하다면 2년 정도 남편이 기러기 아빠를 해보겠다고 양보해 주었다. 그러나 아이만을 위한 유학은 좋은 선택이 아니라는 생각이었기에 무리가 되더라도 나 역시 이번 기회에 대학 때 배운 전공을 살려 석사 과정 공부를 해보자는 계획까지 하게 되었다. 넉넉지 않은 살림에 결정을 내리기까지 수없이 고민했지만, 이대로 아이를 방치할 수는 없었기에 한 큰 결심이었다.

석사 과정을 위한 대학원 지원 등에 예상보다 많은 시간이 필요했기 때문에 일단은 어학연수 과정으로 아이를 데리고 미국에 가기로 결정했다. 그런데 생각지도 못하게 내 학생비자가 거절되면서 고민이 깊어지게 되었다. 석사과정 합격증이 없는 나에게는 학생비자를 줄 수 없었던 것이다. 당시에 이런 방식(엄마는 어학연수에 아이는 초등학교 입학)으로 아이들을 저렴하게 미국 내 공립초등학교로 보내려는 숫자가 급격하게 증가하던 터라 대사관 측에서 대부분의 비자 신청을 거절했던 것이다.

영국이나 영어권의 다른 나라로 다시 준비하는 방법도 있었지만, 금전적인 문제와 비자 문제로 선택이 쉽지 않았다. 고민이 깊어지면서 과연 유학만이 좋은 방법인가에 대해 원점에서 다시 생각하게 되었다. 얻는 것이 있으면 잃는 것도 있는 법! 아빠의 부재가 아이에게 미칠 영향에

★　　2017년 교육통계서비스(kess.kedi.re.kr) 자료 기준 교육부 인가 초등학교가 8개교, 비인가 18개교, 기독교 비인가 대안학교 중 초등과정이 포함된 곳이 대략 13개교, 도시형 대안학교(미인가)가 23개교 정도로 추정된다. 이외 비인가 학교로 도시형 대안학교 23개교, 전원형 대안학교 12개교, 초등 대안학교 18개교, 기독교 대안학교 75개교로 추정된다. (자세한 사항은 이 책끝의 <부록> 참조)

교육통계서비스 홈페이지(kess.kedi.re.kr), 대안학교 정보를 찾기 위해 구석구석 참고했다.(자세한 내용은 <부록> 참고)

대해 또다시 고민하게 되면서 결국 유학이 아닌 다른 대안들에 대해 알아보기 시작했다. 바로 대안학교*와 홈스쿨링이었다.

대안학교에 관한 정보를 얻기 위해 인터넷으로 검색하고 지인들을 통해 수소문하기 시작했지만 정보를 얻는 데는 한계가 있었다. 인맥이 넓지도 않았을 뿐더러 평소 학교 밖 교육에 전혀 관심을 두지 않았던 탓에 정보를 구하기란 쉬운 일이 아니었다. 또한 대부분의 대안학교가 소규모이거나 학부모들의 커뮤니티 성격이 강하다 보니, 그 그룹의 성격과 맞지 않거나 추구하는 바가 다를 경우 오히려 일반 공립학교보다도 적응하기가 쉽지 않아 보였다. 또한 종교를 믿지 않는 우리 가족에게는 종교적인 출발선에서 시작한 대안학교들이 많아서 선택의 폭을 넓혀야 하는지에 관한 고민도 있었다.

학교마다 지닌 결이 너무나도 달라서 정확한 정보를 얻기 위해서는 일일이 각 학교를 방문해야 했는데 상당히 많은 시간과 에너지가 필요할 수밖에 없었다. 일일이 찾아가본다 해도 경험해보기 전에는 알 수 없는 부분들도 많아 보였다. 결국 대안학교에서는 우리가 원하는 해결책을 찾기가 어려웠다. 아마도 주변에 학교를 나오고자 하는 친구들 몇 명만 있었어도 공동 홈스쿨링 형태로 시작했을 것이다. 결국 대안학교를 살피다 지쳐 홈스쿨링하는 사람들을 알아보기 시작했다.

지인의 소개로 초등학교 과정을 홈스쿨링하는 학부모를 만나게 되었다. 생각보다 거창한 커리큘럼을 계획하지도 않았고, 그저 자식 키우는 방법 중 하나라는 본인의 경험담을 나누어주었다. 그 어떤 화려한 정보를 얻었을 때보다도 용기가 생기는 만남이었다. 교육의 형태나 구체적인 일과표보다는 흔들리지 않고 중심을 잡아줄 수 있는 부모로서의 역할이 중요하다는 생각과 함께, 희미하게나마 '어쩌면 내 아이가 홈스쿨링을 하도록 도와줄 수도 있겠다.'는 희망을 보기도 했다.

홈스쿨링을 결정하기까지

어떤 날은 머릿속으로 홈스쿨링을 상상하기도 하고, 또 어떤 날은 동분서주하며 사람들을 만나거나 대안이 될 만한 교육기관(학원, 대안학교)들을 찾아다녔다. 그러면서도 캐나다, 호주, 유럽 등 해외의 교육제도에 대한 자료를 모으며 학교를 그만둘지도 모르는 상황에 대비하기 위해 바쁜 날들을 보냈다.

이 시기에 존 테일러 개토의 《수상한 학교》(민들레, 2015)라는 책을 통해 근대 산업화 이후 학교가 세워지게 된 배경을 알게 되었다. 늘 다름을 추구하는 준규에게, 학교라는 곳은 참 견디기 힘들었을 수도 있겠다는 생각을 다시금 하게 되었다. 두 아이의 엄마이자 아직도 현직에 계시는 내 초등학교 은사님은 꼭 학교를 다녀야 한다는 생각의 틀에 갇히지 말라고 말씀해주셨다. 대학 은사님도 자신의 소중한 경험들을 이야기해주시면서 보다 넓은 시각에서 아이를 바라볼 수 있게 해주셨다.

은사님들과 다양한 지인들을 만나면서 학교를 다니고 다니지 않고는 중요한 문제가 아니라는 것을 알게 되었다. 학교가 그 자체로 하나의 목적이 되는 것이 아니라 아이를 교육시킬 수 있는 다양한 방법 가운데 하나일 뿐이라는 것을 깨달으며, 그렇게 조금씩 학교 밖 배움터에 대해 가까워지며 마음의 준비를 해나가고 있었다.

다만 정보를 알아보는 과정에서 대안교육을 주도하거나 지원하는 단체들이 기존의 공교육을 너무나 비판적인 시각으로 바라보는 것이 불편하게 다가올 때도 있었다. 사실 나는 공교육에 대한 비판적인 시각보다는 그저 내 아이에게 앎의 즐거움을 제공할 수 있는 교육 수단을 찾고 있었을 뿐이었다.

2년여의 고민과 노력에도 불구하고 이렇다 할 만한 교육적 대안을 찾지 못했다. 솔직히 홈스쿨링 말고는 별다른 방법이 없다는 것을 인정하고 싶지 않았다. 아이 교육을 전적으로 내가 책임져야 할지도 모른다는 그 두려움의 무게가 컸는지도 모르겠다. 한편으로는 혹시 아이에 대한 지나친 사랑과 관심 때문에 이러고 있는 것은 아닌지 끊임없이 의심했다. 내 스스로 너무 혼란스러웠던 상황을 아이에게까지 전가시킬까봐 아이와 같이 의논해볼 생각도 하지 못한 채 1년간 침묵의 시간을 보냈다. 이후 솔직하게 그동안의 고민과 과정들을 아이에게 이야기하고 학교를 한 달만 쉬어보는 데까지 이르게 되었다.

그러면서도 한편으로는 나 스스로의 준비도 소홀히 하지 않았다. 조만간 집이 학교로 변할지도 모른다는 긴장감은 항상 나를 채찍질했던 것 같다. 그래서 시작한 것이 한국외국어대학교에서 한 학기 과정으로 운영하는 Tesol(영어를 모국어로 하지 않는 사람들에게 영어를 가르치는 교수법이다.)이었다. 영어 교수법을 배우면서 나는 영어교사가 되어야겠다는 마음보다는 만약을 위해 뭐라도 배우면서 이 힘겨운 고민 속에서 잠시 벗어나고자 했다.

학기가 끝나면서 미국 현지 초등학교에서 2주간 실습할 수 있는 해외 인턴십 과정도 참여하게 되었다. 여전히 머릿속으로는 준규의 홈스쿨링에 대한 결정을 내리지 못하고 있었지만, 아이와 떨어져 미국에서 지낸 한 달은 오롯이 나를 위한 시간이었다. 인턴십을 하는 동안 한 가지에만 몰두하면 되는 것이, 아줌마인 나에게는 너무나도 쉬운 일이었다. 육아와 살림, 게스트하우스 운영, 커피 관련 일 등 늘 여러 가지를 해오던 나에게 밥 먹고 공부만 하는 일은 휴식이나 다름없었다. 온전히 나 자신을 충전할 수 있는 시간이었고, 우리 집 상황에 대해 거리를 두고 생각해볼 여유도 생겼다. 이 여유는 내게 무엇이든 할 수 있을 것 같다는 용기를 주었다. 그런데 결혼 후 10년 만에 찾아온 꿈같은 휴가를 마치고 한국에

돌아오자마자 마주한 것은 지옥 같은 학교를 더 이상 가고 싶지 않다고 말하는 아이였다.

학교가 지옥 같다는 아이를 위해 용기를 내기로 했다

나의 노력에도 불구하고 3학년 1학기를 끝마쳐갈 때쯤 아이의 상태는 날이 잔뜩 서서 폭발할 것만 같았다. 이렇게 더 두다가는 아이의 밝은 모습을 다시는 영영 볼 수 없을 것 같았다. 학교로 가는 매일 아침이 지옥으로 걸어 들어가는 것 같다는 아이의 말을 들으며 난 더 이상 결정을 미룰 수가 없었다. 그렇게 버틸 만큼 버티다 결국 홈스쿨링을 결정하게 된 것이었다.

지금 와 생각하면 홈스쿨링을 결정하기까지 고민하던 2년의 시간 동안 내게 필요했던 것은 다른 교육환경에 대한 수많은 정보가 아니었던 것 같다. 진정으로 내게 필요했던 것은 나를 넘어설 수 있는 용기였다. 그동안 내가 생각하고 살아왔던 방식의 틀을 과감히 벗어던질 수 있는 그 용기가 필요했던

학교에서 돌아오는 지친 모습의 준규(만 8세)

것이 아닌가 싶다. 물론 그 시간 동안 아이는 학교에서 점점 지쳐갔지만, 그랬기 때문에 지금이 얼마나 소중하고 행복한지를 느낄 수 있는 것 같기도 하다.

아이가 학교를 다니기 시작하면서부터 3학년 중반 학교를 나오기까지 그 2년 반의 시간 동안 나는 학교를 관두게 할지 말지에 대한 고민을 단 하루도 놓지 못했다. 쉽사리 결정을 내릴 수 없는 그 고민들이 머릿속에 엉킨 실타래처럼 늘 가득했다. 그렇다고 주위의 학부모들을 붙잡고 고민을 이야기하는 것도 한계가 있었다. 자칫 잘못 이야기했다간 내 아이에 대한 편견을 심어줄 수도 있어 조심할 수밖에 없었다. 학교에 관한 고민을 남편에게 이야기하는 것도 한두 번이면 족했다. 아이의 학교 문제를 대수롭지 않게 여기는 남편은 나의 이런 고민을 잘 이해하지 못했다.

그러던 어느 날 한밤중에 세탁기에서 다 돌아간 빨래를 널고 있을 때였다. 적막함이 느껴지는 고요한 밤, 갑자기 내 심장에 기이한 가속도가 붙은 느낌이 들면서 손동작이 이상하리만치 빠르게 느껴졌다. 평소와 다를 바 없이 빨래를 널고 있는 내 손이 통제할 수 없을 만큼 엄청난 속도로 빠르게 움직이는 것 같은 혼란스러움을 느꼈다. 뭔가 진정되지 않는 이상한 느낌이 점점 커지면서 그 기분 나쁜 상황을 떨칠 수가 없었다. 하던 일을 대충 마무리하고 얼른 이불 속에 누워 휴대폰을 켰다. 아무 생각 없이 웃고 볼 수 있는 동영상을 켜놓고 스스로 손을 주무르고 심호흡을 하며 안정을 되찾으려고 애썼다. 이후에도 가끔씩 그런 이상한 증상이 나타날 때면 음식을 찾아 먹어본다든가, 드라마를 틀어놓고 정신을 딴 데로 돌려보려고 애써야 했다. 나중에 한참이 지나고 이러한 증상들이 공황장애의 일종이었다는 것을 알게 되었다.

돌이켜보면 그 당시 나는 내가 감당할 수 없는 무게의 스트레스를 느꼈던 것 같다. 엄마이기 때문에, 힘들다고 피할 수도 외면할 수도 없었기에 오롯이 그 무게를 감당해야만 했다. 그렇게 2년 동안 아무도 모르게 나 자신만의 힘든 시간을 보내야 했다. 남들이 생각하듯 나는 교육에 대한 거창한 이념이 있는 부모도 아니었고, 사회 문제에 대해 신념을 가지고 살아온 사람도 아니었다. 다만, 남들이 한다고 자기도 당연히 해야 한다는 그런 생각을 하지 않는 아이 덕분에, 남을 의식하지 않고 나를 위해 사는 방식에 눈뜨기 시작했던 것 같다.

지금 와서 생각하면 참으로 감사한 일이다. 아이로 인해, 우리 가족은 평범하지 않은 방식으로 아이를 키우며 살면서도 충분히 행복할 수 있다는 것을 조금씩 알아가고 있는 중이다.

학교를 나오기 위한 절차

의무 교육인 초등학교를 그만두는 경우 공립초등학교와 사립초등학교에는 차이가 있다.

준규는 사립초등학교를 다니고 있었기 때문에 학교를 나오기 위해서는 자퇴서를 써야 했다. 보통은 해외 이주 또는 타 초등학교로 옮길 경우 자퇴서를 쓰게 된다. 반면 공립초등학교는 자퇴 자체가 불가능하다. 우리나라에서는 초등교육 과정이 의무 교육이라 자퇴 자체가 인정되지 않는다. 보통은 학교 측과 사전에 상의하고 3개월 이상 장기 결석을 하게 될 경우 정원외관리대상자로 분류되는 과정을 밟는다.

만일 검정고시를 준비하게 된다면 시험 접수 시 정원외관리증명서를 출신 초등학교에서 발급받아 첨부하면 검정고시 시험을 치를 수 있게 된다. 검정고시는 시행 전년도 기준 만 11세 이상의 나이 자격 조건, 초등교육 과정을 이수하지 않은 학생, 초중등 교육법 시행령 제29조에 의하여 학적이 정원 외로 관리된 경우 초등 졸업 학력 검정고시를 치를 수 있는 자격이 주어진다. 이후 검정고시 합격증 사본을 제출하여 '의무 취학 면제 신청'을 하게 된다.

학교를 안 다니면
문제아인가요?

··· 둘째 마당 ···

가족이 모두 참여하는
홈(Home)스쿨링

공부는 언제부터 시작하지?

홈스쿨링 결정 후, 학교 대신 집에 있기 시작한 첫 일주일이 아직도 기억에 생생하다. 그 전에도 사정이 있거나 아파서 학교를 빠진 경우가 있었지만, '홈스쿨링'이라는 이름이 주는 무게는 그것과 조금 달랐다.

엄청 신나할 것이라는 예상과는 달리, 아이는 조금 얼떨떨하고 혼란스럽고 불안해 보였다. 본인이 그토록 원해서 내린 결정이었음에도 불구하고, 그 결정의 무게를 직감하는 것 같았다. 아마도 학교를 2년 반이나 다녔고, 앞으로 가야 할 길이 친구들과는 사뭇 다른 방식이라는 것을 알았기에 마음이 그리 편하지만은 않은 것 같았다. 나도 요동치는 마음을 다잡으며 시간을 견디고 있었다. 아이에게 내색하지는 않았지만, 사실 머릿속에는 수많은 생각들이 뒤엉켜 있었다.

'홈스쿨링을 하면 언제부터 공부를 시작해야 하나? 일주일을 쉬고 시작하나? 아니면 조금 더 충분히 쉬도록 해야 하나? 그러다 홈스쿨링이 이렇게 마냥 하고 싶은 대로 하는 거라고 생각하면 어쩌지? 그럼 한 달을 쉬고 공부를 시작해야 하나? 공부는 왜 하는 거라고 이야기하지?'

큰 결정을 이행하자 이런 세부적인 사항들을 어떻게 정리하고 구조화해야 할지 당황스럽고 막막했다. 그렇게 머릿속으로 온갖 계획들을 세웠다 허물기를 반복하며 일주일이 흘렀다. 내색하지 않고, 아이의 하루를 가만히 지켜보았다. 실컷 늦잠을 자거나 일어나지 않은 채로 이불 속에서 책을 보기도 하고, 그림도 그리고, 종이접기도 하고, 블록 장난감을 가지고 놀며 하루를 보내고 있었다.

불안감과 조바심이 마음속에 똬리를 틀려고 했지만, 왠지 급한 마음을 들키고 싶지 않았다. 세부적인 계획들을 고민해보고, 인터넷으로 홈스쿨링에 관한 정보들을 찾으며 일주일을 보냈을 즈음 아이가 나에게 물었다.

"엄마, 우리 홈스쿨링하는데, 왜 아무 것도 하지 않아요?"

'고맙다 아들아!' 마음속으로 소리쳤다. 기다리길 잘했구나 싶었다. 그렇게 물어준 아이가 정말 고마웠다.

아침에 일어나 잠자리에서 책 읽는 준규
(만 9세)

엄마: 사실 엄마도 어떻게 하면 좋을까 고민 중이었어. 너는 홈스쿨링 계획을 언제
쯤 짜는 게 좋을 것 같아?

준규: 음, 마음 같아서는 한 달쯤 놀고 그 이후부터 짜면 좋겠지만 그러면 제 마음
이 편하지 않을 것 같아요. 너무 빈둥빈둥 노는 것 같잖아요. 한 일주일 후쯤
이 적당하지 않을까요?

나는 내 조바심을 들킨 것 같아 부끄러웠고, 나만 걱정하고 있었던 게
아니었다는 것을 알게 되었다. 그리고 그 기다림이 고작 일주일 만에
끝났다는 사실이 감사했다. 일주일이 아니라 한 달, 아니 반 년이 걸릴
수도 있었을 그 침묵의 시간을, 내가 의연하게 견딜 수 있었을지는 장담
할 수 없었다. '너도 걱정하고 있었구나.' 하는 마음이 들면서 내 속도와
아이의 속도가 조금 다를 뿐이고, 앞으로도 아이의 속도에 맞춰 기다려
보겠다는 다짐을 하게 되었다. 아이 스스로도 책임의 무게를 실감하는
구나 싶어 한편으로는 마음이 놓이고 걱정이 덜어졌다. 또한 앞으로는
혼자 고민하지 않고 아이와 함께 솔직하게 이야기하겠다고 마음먹게 된
계기가 되었다.

완벽한 것은 없다! 홈스쿨링 학습 계획 세우기

그날 저녁 아이 아빠, 나 그리고 준규는 머리를 맞대고 회의를 시작했

다. 처음에 남편은 그러한 상황을 어색해하고, 부담스러워하기도 했다. 엄마인 내가 알아서 해줬으면 하는 눈치였다. 하지만 홈스쿨링을 경험했던 부모들이 입을 모아 말하는 것이 있었다. 부모가 함께 홈스쿨링을 이끌어가야 한다는 점이었다. 엄마 혼자 교육에 대한 부담감을 감당하기에는 그 무게가 너무 버겁고 힘들다는 것이었다.

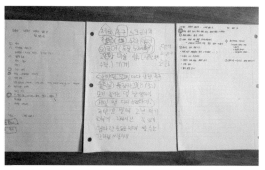 

왼쪽부터 엄마, 준규, 아빠 차례로 준규가 홈스쿨링을 하며 1년 동안 배웠으면 하는 것들을 적은 리스트

준규가 1년 동안 해보고 싶은 것들에 대해 적은 것

우선 1년 계획을 세워보기로 했다. 준규 스스로 1년간 배워보고, 공부해보고 싶은 것이 무엇인지 적어보자고 했다. 또한, 남편과 나도 준규가 1년 동안 어떤 것을 공부하고 활동해보면 좋을지 리스트를 적어보았다. 그리고 거기서 겹치는 것들을 확인하고, 항목들을 만들어나갔다. 그 가운데 어떤 것은 혼자 공부해보기로 하고, 엄마 아빠가 도와줄 수 없는 항목들에 대해서는 학원이나 도움 줄 수 있는 선생님을 알아보기로 했다.

■ 홈스쿨링 1년차 준규네 학습 계획

준규의 리스트	엄마 아빠의 리스트	최종 리스트
체육, 축구하기	영어, 중국어 공부하기	첼로 계속 배우기
스크래치 공부하기	연기나 연극 활동 참여하기	로봇 공부하기
첼로 계속 배우기	단체 운동(축구) 참여하기	영어 공부하기
로봇 계속 공부하기	전국 일주, 여행하기	과학 수업 다니기
수학 공부하기	6시 기상, 가족 운동하기	가족 운동, 단체 운동하기
외국어(독일어, 노르웨이어) 공부하기	독후감 쓰기	
과학 수업 듣기	고전 읽기	
미술 배우기	봉사활동(반려견 돌보기, 종이 접기 교실)하기	
생활 속의 수학 공부하기	집안일 돕기	
기계 탐구하기	수학 공부하기	
아빠랑 주말 산책, 축구하기	체스나 바둑 두기	
숲 학교 가기	첼로 오케스트라 도전하기	
늦잠자기	슬로 리딩하기	
모기 죽이는 덫 발명하기	도서관 매일 가기	
보드게임 하기		
하루에 자유 시간 꼭 있기		
주말엔 밀가루 두 번 먹기		

스크래치는 아이들에게 그래픽 환경을 통해 컴퓨터 코딩에 관한 경험을 쌓게 하기 위한 목적으로 설계된 교육용 프로그래밍 언어 및 환경이다. 어려운 C언어와는 달리 블록을 끌어당겨 탑을 쌓듯이 코딩을 하기

때문에 초등학생도 입문하기에 좋은 프로그래밍 언어이다. 준규는 2학년 때 방과 후 수업으로 학교에서 스크래치 수업을 듣게 되었다. 그리고 시간 날 때면 그 스크래치 코딩 프로그램을 통해 자신만의 아이디어로 게임을 만들어보기도 하고, 애니메이션 스토리나 퀴즈를 만들기도 하면서 다양한 각도에서 활용하고 있다.

기계 탐구하기라고 써놓은 항목은 준규가 기계 메커니즘에 관심이 많아서 그 분야를 탐구해보고 싶다는 내용이었다. 솜사탕 기계, 뽑기 기계, 자판기, 반려견 자동 급식기, 총 등을 직접 만들어보고 싶어 해서 그 부분을 기계 탐구하기라고 적은 것이다.

주말엔 밀가루 두 번 먹기는 잔병치레가 많은 준규 때문에 평일에는 밀가루 음식을 자제하고 주로 한식 메뉴로 건강식을 실천하려고 애쓰다 보니 아이는 주말을 빵 먹는 날처럼 여겼다. 주말 늦은 아침 식사 준비는 아이 아빠와 준규 담당으로, 메뉴는 토스트나 팬케이크, 스크램블드

에그 같은 음식을 준비하여 간편하게 먹는 편이다. 식사 준비를 아빠랑 본인이 해서 특별하기도 하고, 빵 먹는 날이라 신나는 날로 생각했다.

슬로 리딩은 준규가 책을 흥미 위주로만 너무 빨리 읽는 것은 아닌지 고민이 되어 나와 함

친구와 첼로 연주 맞춰보는 중. 홈스쿨링 1년차.

께 1년 동안 책 한 권을 가지고 천천히 꼼꼼하게 읽어보면 어떨까 싶어 고민했던 주제이다.

첼로는 학교 방과 후 수업으로 처음 접하게 되었는데, 음악 수업이라 여기며 배웠다. 교회에서 재능 기부로 첼로를 가르쳐주는 선생님을 만나, 1년에 한두 번 양로원이나 요양원 등을 찾아가 연주를 하며 음악 수업과 인생 수업을 대신할 수 있었다.

■ 홈스쿨링 2년차 준규네 학습 계획

준규의 리스트	엄마 아빠의 리스트	최종 리스트
초등 수학 끝내기	수학 공부하기	초등 수학 공부 마치기
과학 수업 계속하기	규칙적으로 영어 공부하기	로봇대회 도전하기
로봇대회 도전하기	운동 한 가지 이상 하기	과학 수업 계속하기
태권도 1품 따기	첼로 오케스트라 계속하기	영어 공부하기
영어 공부하기		
칸 아카데미★ 6grade 마치기		
첼로 계속 배우기		

★　　　**칸 아카데미**(Khan Academy): 2006년에 설립된 비영리 교육 서비스이다. 초·중·고교 수준의 수학, 화학, 물리학부터 컴퓨터공학, 금융, 역사, 예술까지 4,000여 개의 동영상 강의를 제공하고 있으며, 전 세계 모든 학생에게 양질의 무상 교육을 제공하는 것을 목표로 삼고 있다.(자세한 사항은 120쪽 참조)

■ 홈스쿨링 **3년차** 준규네 **학습 계획**

준규의 리스트	엄마 아빠의 리스트	최종 리스트
칸 아카데미 8grade 마치고, 중학교 수학 마무리하기	수학 공부하기	중학교 수학 마무리하기
매일 영어 동영상 보기	영어 공부 매일 하기	종이접기
에인션트 드래곤 찢어지지 않게 종이접기	운동하기	영어 공부 매일 하기
70만 원 모으기	단체 활동하고 에너지 발산 할 수 있는 활동 찾기	단체 활동(오케스트라, 극단) 찾기
헌책 팔아서 엄마 아빠 선물 사기		
9시 30분 전에 자기		
목 들기 운동 1분 동안 하기		
키 165cm 넘기		

에인션트 드래곤은 준규가 좋아하는 사토시 카미야라는 일본 오리가미* 작가의 작품이다. 난이도가 어렵고 접기 프로세스가 워낙 복잡하다 보니 접다가 찢어지거나 완성도가 떨어져서 본인의 도전 과제처럼 1년 목표에 적어 놓았었다.

★ 오리가미는 '종이를 접어 여러 가지 모양을 만드는 놀이'를 뜻하는 일본어로, 가위나 풀을 사용하지 않고 오직 '접기'만을 활용해 다양한 작품을 만드는 예술 활동이다. 전 세계에서 종이접기를 설명하는 공식 명칭으로 '오리가미'를 사용한다.

대문 앞 골목에서 햇볕을 쬐며 앉아 스크래치 공부 중인 준규. 홈스쿨링 3년차.

탁구장에서 갈고 닦은 실력을 아빠와 겨루기 전. 홈스쿨링 3년차.

70만 원 모으기는 준규가 미래를 위해 1년 동안 모으고 싶은 금액이라고 한다. 차곡차곡 스무 살이 될 때까지 모아서 나중에 로봇 회사를 차릴 때 종잣돈으로 쓸 거라고 말했다.

목 들기 운동은 아이 아빠가 몇 년 전 어깨에 문제가 생기면서 시작한 것으로 누운 상태에서 3분 정도 목을 살짝 바닥에서 떼어 뒷목의 힘을 길러주는 운동이다. 짧고 간단한 운동을 매일 하면서 남편의 어깨도 많이 호전되었다. 준규도 고개를 숙이고 있는 시간이 너무 많아서 어깨나 척추 건강을 위해 하고 있다.

단체 활동 중 극단 활동은 2019년 3월부터 시작하게 되었다. 홈스쿨링 시작 당시부터 나는 아빠의 역할로 조기 축구회, 사회인 야구, 캠핑 등 아빠가 아들을 동행해서 다른 친구들과 어울릴 수 있는 활동을 해보기를 지속적으로 권했었다. 하지만 남편의 성향상 그 부분은 힘들다는 결론에 이르렀고, 에너지가 넘치고 온몸으로 감정 표현하기를 좋아하는 준규의 특성을 고려하여 예술과 관련된 활동을 찾아보기로 했다. 혼자 보다는 여러 명이 함께 호흡을 맞출 수 있는 뮤지컬이나 연극과 같은 분야이길 원했다. 그러다 '날으는 자동차[*]'라는 극단을 우연히 알게 되어 주말마다 그곳에서 또래 친구들과 온몸으로 감정을 표현하는 법을 익히며 단체 활동을 하고 있다.

단순한 학습 계획보다는 삶의 계획이 되도록

학습 계획을 보면, 1년차 때는 배우고 싶은 것도 많고 의욕도 앞서는 것을 알 수 있다. 하지만 시간이 지날수록 선택과 집중을 하면서 3년차 때는 공부의 비중보다 다른 것들(장사나 운동, 건강과 관련된 것들)이 계획 안에 들어오게 되는 것이 보인다. 나는 단순한 학습 계획에서 삶의 계획으로 바뀌어가는 양상이 매우 바람직하다고 생각했다.

여러 번의 시행착오를 통해 아이에게 맞는 효율적인 공부 방법, 공부 시간 등을 수도 없이 바꾸면서도 불안해하지 않을 수 있었던 이유가 있

---

[*]   간단한 오디션을 보고 입단할 수 있으며, 매달 15만~18만 원 정도 회비가 있다. 매주 토요일 5시간 동안 춤, 연기, 발성 등 다양한 표현법을 배우고 1년에 한 번 환경 주제로 창작극 정기공연을 한다.(홈페이지 nalja.net)

었다. 지인의 소개로 만난, 홈스쿨링을 초등 6년 내내 했던 한 어머니의 이야기 때문이었다.

그분은 긴 시간 동안 완벽한 시간은 단 한 번도 없었던 것 같다고 했다. 늘 시도하고, 실패하고, 다시 의논하고, 또 새로 계획하는 시행착오를 6년 내내 한 것 같다고 이야기하면서 그 과정들이 가족에게는 의미 있고 소중한 경험이었다고 했다.

그 이야기가 참 많은 힘이 되었다. 100년이 넘게 시행착오를 거쳐 정립된 공교육의 교과 과정도 그 시대의 아이들 수준을 다시 반영해야 하는 것처럼, 나도 내 아이의 상태와 수준을 끊임없이 살펴서, 효과적인 방법을 찾아나가는 것이 최선일 것이다.

첫 홈스쿨링, 학습량 채우기에 급급하지 말자!

홈스쿨링을 처음 시작하면 조급한 마음에 실수하기 쉽다. 나도 그랬다. 특히 학습 계획을 무리하게 짜거나 불안감 때문에 아이를 다그치기도 했다.

학교를 관두고 막연한 불안감에 ○○펜과 같은 학습 보조 교재를 성급히 신청했다가 학습지를 받은 지 한 달 만에 위약금을 물고 환불 절차를 밟아야 했던 적도 있다. 어떤 친구들에게는 학습 보조 도구로 유익할 수 있었을 테지만, 준규에게는 학교와 별반 다르지 않은 속도로 많은 과목의 수업을 들어야 했던 것이 취소 이유였다. 아이는 본인이 흥미를 느끼지 못하는 과목을 듣는 것을 매우 지루해했다. 결국 부모의 많은 노력 없이 아이 혼자 자기 주도 학습을 해보게 하려는 내 얄팍한 계획은 재정적으로 큰 손해를 보며 마무리되었다. 왠지 모를 조급함에 아이 공부부터 빨리 할 수 있도록 도와주어야겠다는 성급함이 그런 결과를 초래했던 것 같다.

홈스쿨링 초기에는 학습량 채우기에 급급하기보다는 아이의 상태를 살피고, 아이가 학습에 대해 어떠한 마음을 가지고 있는지 체크해볼 필요가 있다. 또한 아이의 학습 성향이나 패턴을 파악하고, 흥미 있어 하는 분야나 배워보고 싶은 분야가 어떤 것인지 알아보는 것이 우선이다.

초등학교 자격 기준 검정고시 공부는 교육방송을 보고 준비하는 경우, 6개월이면 충분하다고 대부분의 유경험자들이 말한다. 그 정도의 시간이 든다는 것을 염두에 두고 아이의 개인적인 관심사나 성향에 따라 생활 및 공부 계획을 짜보기를 권한다.

공부가 게임의 조건이
되어서는 안 된다

미안해, 엄마가 큰 실수를 했어

홈스쿨링 시작 후 처음 1년 동안 아이가 좋아하는 것 위주로 시간을 보내고 있을 때는 정해진 학습량에 대해 모른 척 넘어가주었다. 그러다 보니 수학 공부는 일주일에 하루나 이틀 정도 하는 것이 전부였다.

그즈음 아이는 스마트폰도 없고 컴퓨터 게임이 허용되지 않다 보니 온라인 게임에 목말라했는데, 친구를 통해 우연히 마인크래프트 게임을 해보고는 신세계를 만난 듯했다. 며칠 내내 스케치북에 마인크래프트 화면을 연필로 그리고, 서점에 가면 마인크래프트에 관한 책만 보았다. 그리고 책에서 접한 마인크래프트가 가진 재미있는 기능들을 나에게 온종일 이야기했다. 뭔가 지루해진 일상에 동기 부여가 되리라는 생각과 잠깐씩 하던 공부를 바짝 시켜보자는 욕심에 조건을 내걸었다. 하루 학습량을 채우면 게임을 30분 정도 시켜주겠다고. 그리고 6학년 수학 공부를 끝마치면 일주일간 게임을 실컷 시켜주겠노라고.

아이는 눈뜨면 수학 공부에 열을 올렸다. 처음 일주일은 아이의 얼굴에 생기가 돌고 공부가 재미있다며 너스레를 떨기도 했다. 하지만 시간이 흐를수록 수학 문제가 잘 풀리지 않으면 엄청 짜증을 내기 시작했다. 학습량을 얼른 채워야 게임을 하는데, 공부가 걸림돌이 되어버린 것이었다. 그렇게 아슬아슬한 시간을 지나 드디어 6학년 수학 과정을 마치게 되었고, 일주일간의 게임 기간이 시작되었다.

얼마 되지 않아 나는 내가 실수했다는 것을 알아차렸다. 절대 일주일로는 게임을 만족할 만큼 실컷 할 수 없다는 사실과 학습에 대한 잘못된 동기 부여를 해주었다는 것을 인정해야만 했다. 밥 먹는 것조차 건성이던 그 일주일이 지나고 게임에 더 목말라하는 아이와 진지한 이야기를 해야만 했다. 엄마가 너를 키우며 한 행동 중에 가장 후회될 뿐 아니라 큰 실수였노라고……. 아이는 백일몽이라도 꾼 듯한 표정으로 다시는 돌아오지 않을 그 일주일을 아쉬워하며 서럽게 울었다.

지금도 여전히 아이는 게임에 대한 욕구로 가득하다. 하지만 게임에 대한 제한이 엄마가 자신을 진심으로 위하는 것임을 알기 때문에 아이는 내 의견을 존중해주고 따라준다. 참 감사한 일이다. 요즘은 아이 아빠와 의논을 해서 주말에는 아이와 함께 게임을 하기도 한다. 상황에 따라 친구들을 만나서 하게 될 경우는 물론 허용해준다.

틈만 나면 스마트폰을 하는 어른들, 오락을 하느라 고개를 숙이고 있는 어린 친구들이 참 많다. 아이들은 부모를 통해 행동에 대한 가이드라인을 세운다. 어떤 아이들은 부모의 무관심 속에서 어찌할 바를 모르며 온종일 컴퓨터와 스마트폰 속의 가상과 현실의 경계를 아슬아슬하게 오가고 있다. 또 어떤 아이들은 게임 그만하고 공부하라는 무조건적인 부모의 명령을 납득하지 못해 엄청난 반발심을 갖게 되기도 한다. 중요한 것은 부모와 아이의 유대감과 서로 이해하려는 끊임없는 노력이다. 부모가 자식의 미래를 위해 자신의 행동들을 되돌아보며 본이 되기 위해 노력하는 것을 아이들도 안다. 그것만으로도 부모는 자식과 함께 성장할 수 있다.

학교 밖으로 나와 보니 내가 부모이자 선생님이고 친구가 되어야 했다. 이 시간이 힘들 때도 있지만, 아이와 더 가까워지게 되고 함께 성장하기 위해 서로 노력하는 일들이 더 많아졌다. 일상이 느슨해져 매일 늦잠을 자고 싶을 때, 같이 늦잠을 자버리는 날도 있지만 더는 아니구나 싶을 때는 나부터 달라져야 했다. 내가 생활 태도를 바꾸고 부지런히 생활하면 아이는 자연스레 따라왔다. 백 마디 잔소리 할 자격을 나 스스로 떳떳하게 갖추는 것만으로도 더 이상의 잔소리는 필요 없었다. 그렇게 아이로 인해 나도 하루하루 잘살아보기 위해 애쓰고 있다.

시행착오를 겪으며 아이와 함께 성장하다

늘 엄마를 완벽한 사람으로만 봐오던 아이가 어느 날 내게 물었다.

준규: 엄마, 이렇게 교재나 공부법을 자주 바꿔도 되는 걸까요?

엄마: 글쎄, 엄마도 잘 모르겠어. 하지만, 너한테 맞지 않는 방법을 계속 고수하는 것도 이상하지 않아? 엄마도 홈스쿨링하는 아들을 둔 건 처음이잖아. 우리 틀리면 다시 고치고, 더 좋은 방법이 있으면 계속 고쳐보자. 그러다 보면 준규에게 가장 좋은 방법을 찾을 수 있지 않을까?

그렇게, 우리 가족은 부족함을 인정하고 더 재미있게, 더 효과적인 방법을 찾기 위해 여전히 노력하고 있다.

학교를 보내는 대부분의 부모들은 그냥 학교에서 알아서 하겠지, 부족한 것은 학원에서 알아서 채워주겠지 하는 경우가 많다. 솔직히 나도 아이가 학교를 다니는 동안은 그랬다. 하지만 지금은 그럴 수 없다. 모든 과정을 계획하는 것도, 그 과정에서 문제점이 생기면 수정하고 재실행해보는 것도 모두 우리가 해야 한다. 누군가 대신 해주겠지 하는 생각으로 미룰 수 없다.

컴퍼스 가지고 원 그리기 중(만 9세)

지금은 아이가 어려서, 그 과정 속에 부모의 개입이 큰 편이다. 하지만 이런 과정들을 끊임없이 겪다보면, 언젠가 나와 남편의 도움 없이도 스스로 부족함을 인식하고, 더 나은 방법을 찾아가는 아이로 크지 않을까 기대한다.

게임에 목마른 아이를 위해

사실 나조차 이 부분은 여전히 고민 중이다. 앞으로 기술은 더 발전할 것이고 이에 따라 게임 산업도 계속해서 커나가겠지만, 아이를 키우는 입장에서 우리 아이는 조금이라도 늦게 게임을 접했으면 하는 게 모든 부모가 가진 생각일 것이다. 앞에서도 이야기한 부분이지만 준규가 게임에 심취하지 않도록 내가 했던 방법을 정리하자면 다음과 같다.

1 | 일방적인 지시가 아니라 왜 안 되는지를 이해시킨다

"준규야, 엄마는 너 스스로 네 시간의 주인이 되었으면 해. 그런데 스마트폰 사용이나 온라인 게임은 너무 유혹적이라 네 시간이 온전히 준규 것이 되기 힘들다고 생각해. 뇌 과학자들이 말하길 너 나이 때는 어른만큼 뇌가 성숙하지 않아서 좀 더 쉽게 중독되고, 흥분하고, 자극적인 것에 이끌린대. 심지어 어른들조차도 스마트폰 중독이나 게임 중독에 빠져서 많이들 헤어나지 못하잖아.

너 스티브 잡스 알지? 그 아저씨는 2010년 아이패드를 최초로 출시할 당시 <뉴욕타임스>와의 인터뷰에서 '당신의 아이들도 아이패드에 열광하죠?'라는 질문에 이렇게 대답했대. '제 아이들은 아이패드를 사용하지 않습니다. 제가 못하게 막거든요.'라고. 그리고 MS 창업자 빌게이츠 알지? 그 아저씨도 고교생,

대학생인 자기 자녀들에게 스마트폰 사용을 엄격히 제한한다. IT 개발의 최전선에 있고, 그것으로 성공한 사람들조차도 자기 자녀에게 스마트 기기 사용을 제한하는 데는 다 이유가 있지 않을까?

엄마 아빠는 준규 친구들이 대부분 스마트폰이 있고, 온라인 게임을 자유롭게 할 수 있다고 해서 엄마도 허락해야 하는 건 아니라고 생각해. 준규가 조금 더 자라서 성숙해졌을 때 그리고 그것들을 스스로 충분히 컨트롤할 수 있을 때 사용했으면 하는 바람이야."

2 | 아이에게 말할 수 있는 자격을 갖추기 위해 노력한다

나는 준규가 하지 않았으면 하는 행동들은 나도 하지 않으려고 애쓴다. 요즘은 스마트폰 사용이 일상생활에 다중작업의 형태로 자리 잡고 있는 경우가 많다. 어떤 특별한 용도나 목적 없이 실시간으로 울려대는 메시지 수신음, SNS의 새 글 알림, 단체 채팅방의 수백 개의 대화들로 인해 실제 세상과 온라인 세상이 혼재한다. 자투리 시간에는 늘 스마트폰을 열어보고, 누군가를 만나고 있는 중에도 스마트폰을 사용한다. 나는 스마트폰을 사용하는 모습을 아이에게 조금이라도 덜 보여주기 위해 이러한 것들을 한꺼번에 몰아서 하거나 쉬는 시간을 정해서 사용하려고 노력한다.

3 | 게임보다 더 재미있는 시간들을 만든다

게임은 그 자체로도 사용자들에게 유혹적인 매체이다. 하지만 온 정신이 게임에만 가 있다면 그것은 중독이다. 실제로 인터넷이나 게임 중독은 약물 중독과 공통점이 많다는 연구 결과들이 나오고 있다고 한다.

따라서 나는 아이의 에너지가 게임이 아니라 조금 더 활동적이고, 상호적인 관계를 통해 해소될 수 있도록 도와주려고 하는 편이다. 아빠와 집 근처에서 축구, 탁구, 배드민턴 등 땀 흘리며 할 수 있는 운동하기, 주말에 집으로 친구 초대하기, 강아지 데리고 산책하기, 극장에 영화 보러 가기, 대형 서점 가기, 놀이공원

가기, 수영장 가기, 방 탈출 카페 가기 등 조금은 적극적인 방법으로 아이와의 시간을 보내려고 애쓴다.

13세가 된 지금이야 보드게임을 함께 해준다고 해서 온라인 게임에 대한 욕구가 해소되는 것은 아니지만 초등 저학년이나 취학 전 시기에는 보드게임이 유용하기는 했다. 부모나 친구들과 다양한 종류의 보드게임을 하면서 함께 놀 수 있는 방법을 알려주었고, 그 결과 아이는 6~7세부터 12세까지 보드게임에 푹 빠져 지내기도 했다. 보드게임은 그 안에 수리, 연산, 추리, 사고력과 연결되는 부분들도 많고, 상대방과 상호작용하며 사회성을 기르기에도 좋으니 온라인 또는 모바일 게임보다는 보드게임을 추천한다.

이웃집 동생들과 블루마블 보드게임 중(만 11세)

수동적이고 부정적으로 변한 아이,
무엇이 문제일까?

상처받은 마음을 회복할 시간이 필요하다

홈스쿨링을 시작하고 아이의 공부를 도와주면서부터 그동안 보이지 않던 문제들이 조금씩 보이기 시작했다. 준규와 공부 계획을 세우며 그래도 학교에서 배우는 교과 과정들은 최소한의 수업이라 여겨 공부하기로 결정했었다. 하지만 준규는 수학 교과서를 펼칠 때마다 이걸 왜 배워야 하는지 모르겠다며 화를 냈다. 적잖이 당황스러웠다. 홈스쿨링을 시작하고 몇 달간은 왜 공부를 해야 하는지를 이야기하는 데 더 많은 시간을 쏟아야 했다.

당황스러울 수밖에 없었던 것이, 취학 전 아이는 호기심이 많아 수많은 질문을 통해 지적 호기심을 채우느라 바쁜 하루를 보냈다. 내 기억

속의 아이는 그랬다. 그리고 나는 그 기억 속 아이의 모습을 기대하며 그 시간에 멈춰 있었던 것이다. 아이를 좋은 학교에 보냈고, 그것으로 내 역할을 충분히 했다고 생각하며 모든 것들을 학교에 의존하려고 했던 것 같다. 아이가 학교에 들어간 후 보이지 않는 선입견들이 생겼으리라고는 전혀 짐작하지 못했던 것이다.

너무나 수동적이고 부정적으로 변해버린 준규를 보며 막막하기도 했고, 어디서부터 도와줘야 하나 답답하기도 했다. 준규에겐 독 빼기*의 시간이 필요해 보였다. 비로소 준규의 아픈 모습을 보며 준규에게도 그러한 시간이 절실하다는 것을 인정할 수밖에 없었다.

준규를 변하게 만든 세 가지

당시 내가 예전과 달라진 준규를 보며 안타까웠던 점들은 다음의 것들이다.

1 │ 선생님에 대한 부정적인 감정
준규는 평소 어떤 상황에 대해 조금 지나치다 싶을 정도로 분석적인

★　　　독 빼기란, 학교로부터 받은 부정적인 감정이나 경험들을 빼야 하는 행위 또는 그 시간을 말하는 것으로, 홈스쿨러들 사이에서 통용되는 단어이다.

편이지만, 아이 입을 통해 들은 선생님에 대한 부정적인 이미지는 충격적이었다. 과학학원을 처음 가던 날, 선생님이란 어떤 존재인가에 관해 아이가 설명해준 내용이다.

준규: 엄마, 저는 오늘 과학학원 첫 수업이라 반드시 모범생처럼 보여야 해요. 제가 학교를 다니며 터득한 중요한 점이 있는데, 선생님이란 존재는 학기 초에 성립된 아이들에 대한 편견을 절대 바꾸지 않아요. 처음에 만들어놓은 이미지를 가지고 1년 내내 아이들을 판단하고 지도하는 편이에요.

싸움이 났을 때, 상황에 따라 내가 피해자가 될 수 있는데도 선생님은 학기 초에 각인된 이미지에 따라 모든 것을 결정해요. 벌어진 상황과는 상관없이 선생님에게는 늘 피해자와 가해자가 정해져 있어서 화가 날 때가 참 많았거든요. 그래서 선생님들에게 잘 보이려면 학기 초에 아주 모범생처럼 굴어야 하고, 궁금한 것이 있어도 질문은 절대 과하게 하지 말아야 해요. 그런 행동은 선생님을 성가시게 하는 행동이거든요.

그날 이후 아이가 학교 밖에서 배우고 싶어 하는 것이 생겨 수업을 듣게 될 때, "궁금한 것이 있으면 얼마든지 여쭤봐도 되고, 좋은 아이디어가 있으면 얼마든지 제시해도 돼."라고 늘 당부를 해야만 했다. 왜냐하면 아이는 너무나 확고하게도, 선생님께 잘 보이는 것은 '그저 입 다물고 아무 말 하지 않는 것'이라는 이상하고도 반박할 수 없는 결론을 마음속에 품고 있었기 때문이다.

2 │ 공부는 재미없는 것

요즘 역사나 과학 강의를 너무 재미있게 해서 텔레비전에 출연하는 유명한 강사들을 쉽게 접할 수 있다. 주변에 어른들이 대부분 입을 모아 하는 말이 "우리가 학교 다닐 때 역사를 이렇게 배웠더라면 역사 과목을 그렇게 싫어하지는 않았을 텐데……."라는 아쉬움이다. 짧게는 12년, 길게는 16년 이상, 기본 교육 과정을 거치면서 나는 한 가지 사실을 배웠다. '학교에서 배우는 것은 거의 재미없다.'라는 생각이다.

준규 역시 그랬다. 2년 반이라는 시간 동안 교과서를 가지고 공부하는 것에 대한 반감과 공부는 지루하다는 편견이 매우 크게 생겼다는 것을 알 수 있었다. 왜냐하면 전에는 끊임없이 질문하고 알아가는 것에 대한 즐거움이 넘쳤던 아이가, 수학 책을 펴는 것만으로도 한숨을 쉬는 모습을 보였기 때문이다.

평소 학교에서 시험을 치는 날은 미션을 수행하는 것 같아서 재미있다고 할 만큼 고정 관념이 없던 아이였다. 신나고 즐겁기만 했던 앎에 대한 방식을 잃은 것만 같아 아쉽고 속상했다. 홈스쿨링을 시작하고 처음 학습하면서 공부하는 시간이 1시간이라면 그중 40분은 아이의 생각을 전환시킬 수 있도록 이야기하는 데 더 많은 정성을 들여야 했다.

엄마: 엄마는 준규가 공부를 하거나 책을 보다가 점점 빠져들어 시간이 가는 줄 모를 만큼 재미있는 분야가 생긴다면 굳이 학교 교과서를 가지고 공부하지 않아도 된다고 생각해. 그런 분야가 생긴다면 깊이 알아가는 과정에서 기초적

으로 쌓아야 하는 지식들이 다 연결되기 때문에 더욱더 자연스럽고 재미있게 공부할 수 있거든. 다만, 방향이 잘 보이지 않을 때는 그래도 최소한의 시간만큼은 학교에서 친구들이 하고 있는 것에 대해 공부해보는 게 좋겠다고 생각해.

그러면서 학교에서처럼 시간을 정해서 하기보다는 준규 혼자 집중력을 가지고 짧은 시간일지라도 효율적으로 해보자고 제안했고, 하루에 1~2시간 정도는 초등학교 과정의 공부들을 조금씩 할 수 있었다. 다행인 것은 수학이나 영어를 제외하고는 책을 읽어보는 것만으로도 그리 어렵지 않게 진행할 수 있었다는 것이다. 과학처럼 내가 도와주지 못하는 과목들은 학원을 이용하기도 했다. 물론 학교에서 하는 수업이 단순히 지식을 습득하는 것 이상의 효과도 있겠지만, 우리는 우리 방식대로 절충하면서 학교의 빈자리를 메워나갔다. 그렇게 우리는 언제, 어떻게, 얼마나 공부할 것인가에 대해 늘 고민하고 이야기하며 준규만의 학교를 꾸려나가고 있다.

3 │ 친구들에 대한 반감

준규는 사람을 너무나 좋아하는 아이다. 언제나 친구를 만나면 놀 궁리부터 한다. 심지어 사랑방에 외국 손님이 와도 같이 놀 수 있는지부터 물어본다. 그런데 준규가 학교를 그만두고 한동안은 학교 앞을 차로 지날 때면 학교 반대 방향으로 고개를 돌리곤 했었다. 본인에게는 너무도 지옥 같았고, 힘들었던 그 시간들을 떠올리거나 입에 담고 싶어 하지 않았다.

준규는 친구들과 문제가 생겨서 선생님 앞에 불려 가면, 늘 자기를 문제를 일으킨 사람으로 몰아가며 거짓말을 했던 친구들 때문에 힘들어했다. 물론 내 아이 때문에 힘들어한 다른 아이들도 있었을 것이다. 내 아이도 그리 순하지만은 않고, 져주기만 하는 아이가 아니라는 생각에, 준규가 친구들 때문에 힘들어할 때마다 공감은 하되 반만 믿자고 늘 생각했다. 다 자기 입장에서 생각하기 마련이고, 이유가 있겠지 하고 생각하기도 했다. 내 아이가 더 배려심 있고, 져주었으면 하고 바란 적도 많았다. 때론 내 마음속에서 그 친구들에 대한 미움이 생겨 따져 묻고 싶고 혼내주고 싶은 적도 있었다.

하지만 어디까지나 친구들 사이의 문제이니 자기들끼리 해결하는 게 맞다고 생각하여 그냥 들어주는 것이 최선이라 여겼다. 그런데 그것이

홈스쿨링 중에 준규 생일을 맞아 초대한 학교 친구들
(만 10세)

친구들의 미안한 마음과 아쉬워하는 마음이 담긴 롤링페이퍼

아이에게 큰 상처가 되었다는 것을 나중에야 알게 되었다. 아이들의 문제에 대해 선생님의 답은 늘 정해져 있었을 것이라는 생각을 미처 하지 못했던 것이다.

준규가 학교를 마지막으로 가던 날, 담임 선생님은 반 친구들에게 준규를 위해 짧은 편지를 쓰도록 했다. 일종의 롤링페이퍼였다. 가방 두 개에 가득 들어 있는 교과서며 학교에 있던 짐들을 꺼내 정리하다 코팅된 롤링페이퍼를 아이와 함께 보았다. 나는 정성스럽게 쓰인 그 편지들을 읽다가 그만 울음이 터지고 말았다.

준규가 그간 내게 수없이 호소했던 친구들과의 문제가 적잖이 적혀 있는 것이었다. 여자 친구들로부터 받은 메시지들은 대부분, 준규가 홈스쿨링을 하게 된 것을 아쉬워하며 보고 싶을 거라는 글이었다. 준규가 없으면 이제 개그로 웃겨줄 친구가 없어서 아쉽다는 내용들이 많았다. 반면 남자 친구들로부터 받은 페이퍼에는 그 친구들의 고해성사와 같은 사과가 담겨 있었다. 아마도 열 살 친구들에게는 학교를 그만두고 홈스쿨링을 한다는 것이 놀랄 만한 일이었나 보다. 아이들에게는 다소 충격적인 그 상황이 어쩌면 자기 때문일지도 모른다는 생각을 한 흔적들이 편지에 보였다. 마지막에라도 친구들이 자신들의 잘못을 이야기해준 것에 감사하자며 준규를 다독였다.

부모라 해도 아이의 마음속 깊은 곳까지 다 알 수 없기에 아이에게 그러한 일들이 얼마나 상처가 되었는지는 다 헤아릴 수가 없다. 다만, 시간이 지나면서 조금씩 희미해지기도 하고, 편해지는 것이 아닐까 생각한다. 예상치 못한 어느 날 '툭 툭' 튀어나오는 아이의 상처받은 행동들에 여전히 속상하기도 하지만, 그것 또한 이 아이가 커나가는 과정일 것이다. 내가 해줄 수 있는 것이라곤 그저 옆에서 보듬어주고 공감해주는 것일 뿐이다.

나중에야 그런 생각이 들었다. 어쩌면 아이들은 우리가 생각하는 것 이상으로 학교에서 힘든 시간을 버티고 있는지도 모른다고…….

왜 학교에 다녀야만
영재교육을 받을 수 있나요?

학교 수업이 이렇게 재밌으면 좋겠어요

준규가 학교 수업 시간을 지루해하며 힘들어한다는 것을 알고 나서, 대안이 될 만한 교육 방법으로 우리나라에서 실시되는 영재교육에 대해 알아보았다. 우리나라에서 초등학교 때 일반적으로 시행되는 영재교육은 교육청 주관 영재교육과 대학 부설 영재프로그램이 있다. 몇몇 대학의 사사 프로그램 같은 경우는 나이에 상관없이 교육을 받을 수도 있다. 하지만 준규는 그런 프로그램을 받을 정도로 어떤 분야에 특출난 천재가 아니었다. 그러다 보니 일반적으로 시행되는 영재교육 프로그램이라도 듣게 해주고 싶은 마음에 알아보게 되었다.

일단 영재교육 설명회 몇 군데를 가서 들어보았다. 예상했던 것보다

꽤 재미있어 보이는 대학 부설 영재프로그램도 있었다. 하지만 나이(학년)가 정해져 있었고, 지원 당시 초등학교에 재학 중이어야 응시할 수 있다는 사실에 적잖이 당황하기도 했다.

교육청 주관 영재교육은 초등학교 2학년 하반기에 지원해서 합격하게 되면 3학년 때 다닐 수 있는 가장 빠른 프로그램이었다. 다른 선택적 대안이 없었다. 아이에게 프로그램 설명을 했더니, 응시해보겠다고 했다. 그렇게 준규는 초등학교 3학년 때 교육청에서 주관하는 영재교육원에 다녔다. '우리나라 교육이 그렇지 뭐.' 하던 내 편견과는 달리 아이는 그 수업을 너무나 좋아했다. 더구나 그곳에서 만나는 친구들을 무척이나 좋아했다. 매일 가는 학교 수업이 이렇게 재미있으면 좋겠다고 아이는 늘 말했다. 준규네 팀은 실험대회에서 금상까지 수상했다. 그렇게 큰

영재교육원에서 팀원들과 함께 산출물 발표 중인 준규(만 9세)

영재교육원 수료증과 상장

성취감을 맛보며 3학년 과정을 마쳤다.

평일에 일찍 일어나 학교 가는 것을 늘 힘들어했던 준규지만 영재교육원 수업을 가는 토요일 아침만큼은 신나고 즐거워했다. 준규에게 교육청 영재교육원 수업에서 어떤 부분이 그리 재미있냐고 물어본 적이 있다. 준규는 신이 나서 말했다.

"학교 수업은 같은 내용을 여러 번 길게 설명해주지만, 영재교육원 수업은 요점만 이야기해주는 점이 좋아요. 또 팀 작업을 하며 친구들과 문제를 해결해나가는 과정이 너무 재미있어요. 친구들이 잘하는 것들이 모두 달라서 각자 자신 있는 분야를 나눠 작업을 진행하다보면 손발이 척척 맞는 느낌이 들어서 너무 신나기도 해요.

흥미 있고 신기한 주제로 수업이 진행되고 문제를 해결해가는 수업 방식도 너무 재미있는데 특히 질문을 자유롭게 할 수 있어서 숨통이 트이는 느낌이에요. 다양한 각도에서 수업과 관련된 질문을 끝없이 해도 선생님들께서 성실히 답변해주시고, 가끔씩 질문이 주제에서 살짝 벗어나더라도 함께 고민해주실 때도 많아요. 이 수업은 마치 학생들을 재미있게 해주려고 만든 수업 같아서 너무 좋아요!"

학교에 다니지 않는 너는 자격 박탈이야

3학년 과정이 끝나갈 즈음, 영재교육원에서는 4학년 연계과정을 뽑으니 시험에 응시하라는 안내를 해주었다. 3학년 2학기부터 홈스쿨링을 시작한지라 조마조마한 마음도 있었지만, 시험 응시 과정에서 별다른 제지가 없어서 가능할지도 모른다는 희망을 품었다. 다행히 시험에 통과하여 4학년 연계과정을 기대하며 손꼽아 기다리고 있었다.

그런데 입학식 3일 전 교육청 장학사에게서 전화가 왔다. 준규가 자격 기준에 부합하지 않는 것이 발견되어 자격이 박탈되었다는 메시지를 전했다. 교육청에 의견을 보내고, 사정 아닌 사정도 해보았다. 하지만 결국 입학식 당일까지 보류 상태라는 연락만 받을 수 있었다. 그리고 며칠 후, 자격 기준에 부합하지 않고, 형평성 측면에서 수업을 들을 수 없다는 통보를 받았다. 대한민국에서 이뤄지는 영재교육은 '재학생'을 원칙으로 하기 때문에 대안학교를 다니거나 홈스쿨링을 할 경우 영재교육에 대한 자격이 없다고 했다.

예상은 했지만 가슴 아팠다. 아이에게 힘없는 부모가 된 것 같아 미안했다. 공교육의 혜택조차 받지 못하는 아이에게서 마지막 남은 희망을 빼앗는 것 같아 박탈감마저 들었다. 학교에 다니지 않으면 형평성의 대상에 끼지도 못한다는 소리였고, 학교에 다니지 않으면 네가 아무리 영재교육 대상일지라도 혜택은 없다는 소리 같았다.

아이 아빠와 난, 교육감에게 이메일도 보내보고 교육청에 몇 차례 연락을 취해 사정도 해보고, 화도 내보고, 할 수 있는 것은 다 해보았다. 하지만 바뀐 것은 아무것도 없었다. 이런 문제점에 대해 심도 있는 검토를 해보고 개정을 준비하고 있다는 답변만 받았다. 하지만 몇 년째 모집요

강은 바뀌지 않았다. 결국 그 통보를 받던 날 아이는 참았던 울음을 터뜨렸다. 부모로서 해줄 수 있는 것이 고작 우는 아이를 안아주는 것뿐이라 한없이 미안했다.

그렇게 준규는 학교 밖에서 호된 경험을 하며 조금씩 성장하고 있다. 또한 학교 안에 있었더라면 몰랐을 우리나라 교육의 틈들도 보게 되었다. 준규가 어른이 되어서 준규의 자식들이 학교를 다닐 때쯤엔, 지금보다 덜 경쟁적이고 본인이 원하는 공부를 선택해서 할 수 있는 교육 환경이 만들어졌으면 좋겠다는 생각을 종종 한다.

내 아이가 영재교육원에 입학할 자격이 충분히 되는데 그 수업을 듣지 못했다는 단순한 경험담이 아니라, 아이마다 원하고 궁금해하는 분야에 대해 그 지적 욕구를 충족시켜줄 수 있는 교육의 다양성이 우리나라에도 존재하길 기대한다.

엄마,
내가 문제아인가요?

너 왜 학교 안 가니?

아이가 학교를 관둔 지 며칠 지난 아침이었다. 늦은 아침을 먹으려고 아이와 함께 간 동네 빵집에서 아주머니 한 분이 갑자기 물었다. "어? 오늘 왜 학교 안 갔어?" 너무나 당연한 질문이었다. 아무런 대비 없이 학교 밖 세상으로부터 첫 질문을 받은 것이다.

당황한 나와는 달리, 준규는 주저 없이 자랑스럽게 대답했다. "저 홈스쿨링해요. 학교 다니지 않거든요." 잠시 잠깐이었지만, 아주머니의 반응이 제발 긍정적이기를 간절히 바랐다. 너무나 감사하게도 아주머니의 반응은 생각 이상이었다. "어머 좋겠다. 너 부럽다 얘~. 너희 엄마, 엄청 멋진 사람이구나."

겉으로 내색하지는 못했지만, 큰절이라도 하고 싶을 만큼 그 아주머니에게 감사하고 또 감사했다. 왜냐하면 홈스쿨링에 대해 세상으로부터 받는 첫 질문에 당당하게 답할 수 있는 기회였고, 긍정적인 외부 반응을 느낄 수 있는 소중한 경험이었기 때문이었다. 예상하지 못하고 받은 너무나 당연한 질문이었지만, 이왕이면 첫 반응이 긍정적이었으면 하는 것이 부모 마음이었나 보다. 그 이후 그런 질문들을 숱하게 받았고, 아이는 학교 대신 집에서 공부한다며 은근히 자랑스러워하며 이야기하기도 했다.

아이가 세상으로부터 받는 편견들

그러던 어느 날 아이가 내게 물었다.

준규: 엄마, 내가 문제아예요?

엄마: 왜 그런 생각을 했어?

준규: 그냥요. 책에서 본 말인데 궁금해서요.

엄마: 누가 준규한테 속상한 말 했구나.

준규: (한참을 망설이더니) 며칠 전 ○○고등학교 운동장에 공을 들고 들어가는데 경비 아저씨가 나오시더니 "너 어느 학교 몇 학년이야?" 물으시기에 "5학년이고 학교는 안 다녀요."라고 했어요. 아저씨가 살짝 놀라시더니 갑자기 "너 그

렇게 학교 안 다니고 부모 속 썩이면 나중에 커서 거지 된다." 이러시더라고
요. 그래서 책에서 봤던 문제아라는 말이 궁금해졌어요.

엄마: 에고 그랬구나. 속상했겠네. 그런데 준규야, 엄마는 준규를 문제아라고 생각
해본 적이 단 한 번도 없어. 엄마가 준규 때문에 힘들 때도 있지만, 행복한 적
이 훨씬 많아. 그리고 누군가 네가 학교를 다니지 않는다고, 그렇게 말할 수
도 있어. 하지만 어른이라고 다 현명하고 맞는 말만 하는 것은 아니야.

홈스쿨링을 시작하던 때만 해도 아이는 누군가 "오늘 학교 왜 안 갔
어?"라고 물으면 너무나도 당당하게 홈스쿨링을 하고 있다고 이야기했
다. 가끔은 궁금해하는 것 같으면 묻지 않아도 먼저 가서 이야기할 때도
있었다. 그런데 언제부턴가 상대가 누구냐에 따라 아이는 다르게 대답
하고 있었다.

또래 친구들이나 그 엄마들이 물을 때면 홈스쿨링을 하고 있다고 대
답했지만, 할아버지나 할머니들께서 물어보시면 "오늘 사정이 있어서
학교 안 갔어요."라고 둘러대기도 했다. 또래 친구들에게 홈스쿨링을 하
고 있다고 말하면 대부분은 자기를 부러워한다고 했다. 그리고 신기해
하며 동물원의 사자처럼 자기를 이리저리 뜯어본다고 이야기했다. 더러
는 "야, 쟤 학교 안다닌대."라며 시기하는 친구들도 있지만 그래도 친구
들의 반응은 그리 기분 나쁘거나 황당하지는 않았다고 했다.

반면 학부모들은 갑자기 폭풍 같은 질문을 퍼붓는다고 했다. "너 그
럼 학원 어디 다녀? 지도 선생님은 누구야? 어디 살아? 무슨 책 많이 봐?"

그래도 이런 질문들은 그나마 괜찮다고 했다. 하지만 끊임없이 쏟아지는 질문이 부담스러워서 대화를 마무리하고 싶은 마음에 말도 안 되는 책 제목들을 마구 댄다고 했다. 아주 빠른 속도로 "드래곤 라자 시리즈 12345678910권, 헌터헌터, 드래곤볼, 좀비백과사전……." 그렇게 부모님들이 좋아하지 않을 법한 책 제목들을 속사포 쏘듯 쉴 틈 없이 말하면 질문이 멈춘다고 했다.

어르신들은 대부분 준규가 홈스쿨링을 한다고 이야기하면 갑자기 혀를 쯧쯧 차시며 "너 공부 안 하고 학교 안 다니면 이 할머니처럼 평생 고생하고 산다. 그러니 엄마 말 잘 들어."라고 말씀하신다고 했다. 그럴 때마다 준규는 너무 짜증나서 이런저런 이유로 그날만 학교에 안 간 것처럼 둘러댄다고 했다.

하루는 아침에 강아지 곰곰이를 데리고 산책하며 집 근처 ○○초등학교 교문 앞을 지나고 있었다고 한다. 갑자기 초등학교 등교 지도를 하고 계시던 보안관 아저씨가 "너 왜 학교 안 가고 빈둥거리냐!" 하시기에 순간 어떤 버전으로 대답할지 고민하며 머리를 긁적이는데, 그 광경을 보고 있던 한 학부모가 다가오더니 "혹시,

신문을 읽고, 만화책을 보는 아침(만 10세)

너 〈영재발굴단〉에 로봇 영재로 나온 그 친구 아니니?" 하더란다. 본인을 알아봐준 아주머니를 향해 고개를 끄덕이며 맞다고 하자 "아저씨, 애 〈영재발굴단〉에도 나온 똑똑한 친구예요. 다 이유가 있어서 학교 안 다니는 거니까 그러지 마세요."라고 말해주었다고 했다. 난처한 상황에 구원투수 같았던 그 아주머니 이야기를 전하며 준규가 웃었다. 이렇게 아이 스스로 질문자의 나이별로 다른 대처법이 생길 정도이니 나에게 말하지 못한 이야기는 또 얼마나 많겠는가?

이런 상황마다 내가 따라다니며 아이를 보호해줄 수도 없고, 이것이 어쩌면 이 아이가 겪어야 할 성장통 중에 하나일 수도 있다. 그래도 어차피 겪어야 한다면 조금은 덜 위축되고, 더 당당하게 상황을 받아들였으면 했다.

학교를 다니지 않는다고 하면 일단은 학교에서 무슨 문제가 있었나, 왕따를 당했나 등의 상상력이 동원되곤 한다. 요즘은 그나마 시선이 많이 바뀌었다고 하지만 대중과 다르다는 것에 대한 관용이 인색한 한국 사회에서는 아무래도 초등학생 때부터 홈스쿨링을 하고 있는 상황에 대해 인생 선배로서 훈수를 두고 싶어 하는 이들도 적지 않다.

남들이 하지 않는 방식으로 공부하고 인생을 사는 것이 물론 쉬운 것은 아니다. 하지만 이것을 더 어렵게 만드는 것은, 어떤 기준을 세워놓고 그 기준에 부합하지 않으면 인생의 패배자 같은 기분을 겪어야 하는 이 사회 전반에 깔려 있는 비합리적인 문화인 것 같다.

창의성, 남들과 다른 방식으로 생각하는 것이 환영받는 시대에 우리는 살고 있다. 어떻게 똑같은 교육 방식으로 남들과 다른 생각을 하는 아이가 길러질 수 있겠는가? 개개인이 가진 '다름'을 인정할 때 비로소 다양성이 존재하고, 그 다양성으로 인해 사회가 한 단계 올라설 수 있는 것은 아닐까 생각해본다.

상상 속 두려움보다
현실은 평온했다

마음이 이렇게 편해도 되는 걸까?

누군가에게 홈스쿨링을 하고 있다고
말하면 다들 어떻게 학교를 관둘 수 있
었느냐, 힘들지 않느냐고 물어보면서 대
단하다는 반응들을 보인다. 물론 학교에
맡겨둘 때보다 신경이 더 쓰이고 힘든 것
은 사실이다.

하지만 대부분의 사람들이 타고 있는
그 거대한 배에서 내리기 전 그리고 내리

평화로운 아침 독서(만 10세)

는 마지막 순간까지도 내 판단이 과연 옳은 것인지, 실수를 하는 것은 아닌지 고민하며 주저했었다. 배에서 내리기 전까지는, 작은 보트를 타고 나 홀로 바다를 항해하면 엄청나게 두려울 것이라고 예상했다. 그래서 그 두려움을 덜기 위해 2년여에 걸친 고민의 시간도 필요했다.

큰 배에서 내려 작은 보트를 탔기에 혼자 키도 잡아야 하고, 날씨도 체크해야 하고, 거센 풍랑에 쉽게 뒤집히지 않으려고 안간힘도 써야 했다. 하지만 신기했던 것은 막상 배에서 내리고 나니 큰 배에 타고 있지 않다는 것이 그리 신경 쓰이지 않는다는 것이었다. 왜냐하면 우리 가족이 타고 있는 이 작은 보트를 어떻게 하면 안전하게 좋은 목적지로 끌고 갈 수 있을지를 고민하기에도 바빴기 때문이다.

어느 날 햇볕이 따뜻하게 내리쬐는 마당에 앉아 아이와 책을 읽고 있는데 문득 '이렇게 마음이 편해도 되나.'라는 생각이 들었다. 배에서 내린 그 순간부터 우리는 큰 배에 같이 타고 있던 다른 사람들과의 비교로부터 멀어져, 이 삶이라는 바다를 어떻게 헤쳐나가야 하는지만이 중요했던 것이다. 그러다 보니 아이를 더 가까이에서 편안하게 바라볼 수 있게 되었고, 아이가 진심으로 하고 싶어 하고 즐거워하는 것이 무엇인지가 더 중요해져 있었다.

걱정 대신 여유와 평화를 만끽하길

초등학교 졸업까지 3년 반이나 남은 상태였고, 그 시간 동안 학교에서 하는 공부 정도만 하면서 충분히 놀 수 있게 된 것이나 다름없었다. 자꾸 늦잠을 자는 버릇이 생겨서 내가 스트레스를 받자, 아이 아빠가 말했다. 누릴 수 있을 때 그냥 행복하게 누리자고.

그 말이 맞았다. 지금 누릴 수 있는 이 여유와 평화를 만끽하는 편이 미래를 걱정하는 것보다는 나았다. 학습에 대한 욕심을 살짝 버리고, 아이가 즐거워하는 것들로 하루를 채울 수 있게 시간들을 채워나갔다. 아침에 일어나 이불 속에서 책을 보며 하루를 시작했다. 그러다 너무 나태해지는 것 같은 마음이 들면, 내가 먼저 일찍 일어나 공부를 하거나 책을 읽었다.

아이와 나는 매일 같은 일과로 1년을 살 만큼 그리 성실하지 못하다. 그냥 조금씩 내가 그런 사람이라는 것을, 준규가 그런 자유로운 아이라는 것을 받아들였다. 준규는 어떤 날은 아침 일찍 일어나 그날 해야 하는 공부를 정해진 시간에 일찌감치 끝마쳤지만, 또 어떤 날은 눈을 떠보면 책상에서 뭔가를 하느라 정신이 없었다. 신이 나서 시간가는 줄 모르고 자기만의 세계에 빠져 있는 아이에게 그날 일과를 빨리 하라는 말이 쉽게 나오지 않았다. 그 시간도 아이에겐 놀이이자 공부라는 생각이 들었기 때문이다.

물론, 매일 해야 하는 일과 자유 시간에 대한 경계가 무너지는 것은 아닐까 예민해질 때도 있었다. 그래서 아이를 살피며 완급 조절을 하고, 절충안을 찾기 위해 설득하기도 하고, 끊임없이 아이와 생각을 나누기도 했다.

하루를 어떻게 보낼지 또는 1년, 3년의 시간에 대한 방향을 세우는 것은 늘 쉽지 않았다. 여기저기 상의할 만한 곳을 끊임없이 찾아야 했고, 나에게 주어진 무게로 인해 불안감이 스멀스멀 올라올 때면 아이 아빠나 주변 사람들을 붙들고 불안감을 덜어야만 했다.

그렇게 뭔가 이 아이만의 방식으로 아이가 원하는 곳까지 포기하지 않고 갈 수 있도록 아이를 응원하고 격려하고 있다. 신기한 것은 이 길 위에도 드문드문 앞서간 이들이 있다는 것이다. 때론 그들에게서 소중한 도움을 받기도 하고, 용기를 얻기도 하며 희망을 키워가고 있다.

집 앞에서 새로 산 중고 자전거 도색 중(만 9세)

해리포터 교복을 입고 사랑방 손님과 해리포터 이야기 삼매경(만 9세)

외출시 강아지에게 자동으로 밥을 줄 수 있는 '곰곰이 자동 급식기 로봇'을 만들고 프로그램 테스트 중(만 11세)

처음 계획대로 아이의 학습 속도 맞추기

홈스쿨링을 시작하고 나태해지거나 이런저런 이유들로 인해 처음 계획대로 실행하지 못했던 적이 수없이 많다. 아마 그 순간들마다 민감하게 반응했다면 홈스쿨링을 포기했거나 아이와 서로 원수지간이 되어 있을지도 모른다. 꼭 홈스쿨링뿐 아니라 학교를 다니는 자녀를 둔 경우도 마찬가지일 것이다. 부모가 원하는 시간에 공부를 하거나 숙제하길 바라는 마음 때문에 아이와의 갈등이 빚어지는 일은 다반사이다. 결국은 아이 스스로 학습에 욕심이 나도록 현명하게 유도하거나 동기가 생기도록 도와주는 방법밖에는 없다. 어디까지나 아이의 인생이니 내가 조급해한다고 해서 해결되는 건 없기 때문이다.

아침 기상 시간이 너무 나태해진다 싶으면 가족 모두 아침 운동을 시도해보기도 하고, 날씨 탓, 수면 부족을 탓하다 포기하기도 했다. 끊임없이 일정한 시간에 일어날 수 있는 방법들을 모색하다가 선택한 것이 황당하게 들릴 수도 있겠지만 강아지를 키우는 것이었다.

아이는 꽤 오래전부터 강아지를 키우고 싶어 했다. 강아지를 별로 좋아하지 않는 나에게는 양보가 안 되는 부분이었지만, 아이 스스로 책임감을 가지고 기르겠다는 약속을 하고 강아지를 들인 지 8개월 정도 되었다. 이후 남편과 준규는 아침 일찍 일어나 강아지 곰곰이를 데리고 동네 산책을 한 후 신문을 보는 일상을 지속하고 있다.

학습에 있어서 나는 원칙적인 편은 아니고 오히려 살짝 기분파 선생님인 듯싶다. 매일 똑같은 일상은 나에게도 힘들다. 그래서 어쩌면 아이도 그럴 수 있다는 것을 어느 정도 감안하고 받아들이는지도 모르겠다. 아이 스스로 흥미를 가지고 몰입하는 주제가 있다면 매일매일 하는 학습은 2순위가 된다. 그 주제가 설령 종이접기라도 매일 해야 하는 과제를 미룰 수 있도록 유연하게 허용해주는 편이다. 다만 미루는 횟수는 세 번이 넘어가지 않도록 한다. 그리고 슬쩍 넘어가보려 하거나 꾀를 부릴 때는 아이에게 이야기했다. 하기 싫더라도 의무적으로 해야 하는 일들은 결과보다는 그 과정을 어떤 자세로 받아들이며 해나가야 하는지, 그리고 매일 해야 하는 일과들이 쌓이고 쌓여서 발휘하는 힘이 얼마나 놀라운지에 대해서 말이다.

간절히 하고 싶은 활동이 있더라도, 그것을 참고 약속된 학습을 하는 습관이 중요하다고 말하는 사람도 물론 있을 것이다. 하지만 나는 그럴 때 그 학습이 과연 얼마나 효율적인가를 먼저 생각한다. 그리고 아이와 솔직하게 이야기를 나누고 학습을 미룰 것인지 조금이라도 해놓고 개인 활동을 할 것인지 정한다. 그리고 그런 상황이 습관처럼 반복된다면 미룬 것들을 일정 기간 내에 다 하도록 패널티를 주기도 한다. 학습은 꾸준한 인내심도 중요하지만 자발성이 비롯될 때 집중력이 올라가고 효율성도 높아진다고 생각한다.

아이에게 홈스쿨링을 하며 학습적인 면에서 엄마가 어떻게 해줄 때 가장 좋았냐고 물었더니, 다른 재미있는 활동에 빠져 계속 미룬 학습들을 한꺼번에 하느라 힘들 때 엄마가 괜찮다고, 할 수 있다고 이야기해주는 것만으로도 힘이 났다고 했다. 그리고 '지금이라도 하면 돼. 혹은 내일부터 잘하면 되지.'라고 따뜻한 어조로 이야기해줄 때가 가장 좋았다고 했다.

나는 열세 살 준규를 대할 때 늘 머릿속으로 생각한다. 이 아이는 여덟 살이라고. 아직 어리다고. 그러다 보면 내 마음이 조금 너그러워진다. 그렇게 아이도 나도 하루하루 성장해가고 있다.

공부는 하루 2시간,
그러나 집중도는 최고!

공부 그릇은 몰입의 경험이 좌우한다

홈스쿨링을 시작하고 시간이 흐르자 다행히 아이는 조금씩 활기를 되찾는 듯 보였다. 혼자만의 시간을 보낼 때도 학교 들어가기 전에 그랬던 것처럼 몰입의 시간들이 종종 보이기 시작했다. 어떨 때는 일주일 내내 종이접기에 빠져 아침에 눈떠서 잘 때까지 밥 먹는 시간을 제외하고는 늘 종이만 접었다. 100장도 넘는 종이를 계속 접어가며 로봇처럼 큰 작품을 완성하기도 하였다.

나도 만들기를 좋아하는 편이다. 퀼트, 재봉틀로 소품 만들기, 코바늘 뜨기 등을 시작하면 밥하는 것도 귀찮아지고 하던 작업을 계속 이어가고 싶을 때가 많다. 완성된 것을 빨리 보고 싶어서 잠도 안 자고 하는 편

유튜버 '페이퍼 빌드'에 빠져서 건담　　준규가 만든 건담 시리즈 중 하나　　박스마다 꽉꽉 채워진 종이접기들을
종이접기만 하는 준규(만 9세)　　　　　　　　　　　　　　　　　　쏟아놓고 신난 준규(만 10세)

이다. 그래서인지 아이가 그러는 것이 다소 이해가 가는 부분도 있었다.

책상에 앉아서 의무적으로 하는 공부는 하루에 두 시간 남짓이고 그
마저도 안 하는 날도 많았다. 하지만 아이는 그 시간만큼은 집중해서 효
율적으로 공부했다. 그래서 그런지 학교 다닐 때보다 공부 시간은 적지
만 오히려 속도도 빠르고, 성취도도 높게 느껴졌다. 아마도 강제적으로
정해진 학습 스케줄이 아니라, 본인 스스로 정한 것이기 때문일 것이다.
또한 정해진 학습은 6시 이후에는 하지 않는다는 큰 원칙 안에서 공부
시간을 유동적으로 정할 수 있도록 한 것도 효율적으로 공부할 수 있었
던 이유 중 하나이다.

공부라는 것은 누군가가 시키는 순간 하기 싫어진다. 더구나 기질적
으로 순종적이지 않은 아이이다 보니, 자신이 스스로 원할 때 하는 것이
바람직하다고 생각했다. 준규는 흥미를 가지고 몰입할 수 있는 종이접

기나 로봇과 같은 활동들을 학습보다 우선순위에 두었다.

사실 학습이 재미있지는 않다. 스스로 학습에 대한 의지가 생기기 전까지는 공부할 수 있는 그릇만 잘 키워주면 된다고 생각한다. 공부 그릇이라는 게 무언가에 몰입을 해본 경험이 있고, 책 읽는 습관이 배어 있는 아이라면 그것만으로도 충분하기 때문이다.

계획들을 지속적으로 수정해가며 학습적인 부분에 대한 욕심을 살짝 버리니 몸과 마음이 편해졌다. 어차피 6학년 마칠 때까지만 배워야 하는 양을 습득하도록 도와주면 되지 않겠나 생각했다. 그런데 오히려 지금은 중학교와 고등학교 수학 과정을 스스로 공부하고 있으니 실컷 놀면서 공부했는데도 그리 더디지 않다.

학교에서 좀비처럼 앉아 끝나기만을 기다렸던 긴 시간을, 본인이 하고 싶은 일들로 가득 채웠다. 시간이 지날수록 아이는 다시 밝아졌고, 행복해했다. 처음에 걱정했던 학교 공부에 대해서도 걱정하지 않았다. 오히려 시간이 많아져서 좋다고 했다. 이렇게 자기만의 시간을 보내며 자신만의 공부 방법과 집중 시간을 찾아가며 준규는 오늘도 열심히 놀고, 열심히 공부한다.

아이가 주도하는 학습 계획 세우기

학습 교재는 워낙 선택의 폭이 넓기 때문에 아이 스스로 교재를 고르는 것이 쉽지 않았다. 그래서 일차적으로는 내가 두세 가지 정도를 선별하고 그 안에서 아이가 선택하도록 했다. 학습 시간은 초등 고학년의 경우 하루에 두 시간씩 일주일에 4~5일이면 충분하다고 생각한다. 공부 시간을 무조건 많이 잡기보다는 집중해서 효율적으로 하는 것이 더 중요하다. 아이가 집중할 수 있는 시간을 체크해서 30분에서부터 그 시간을 조금씩 늘려가며 계획된 시간을 채워나가는 것도 방법이다. 학습량이나 시간이 부담되지 않아야 아이도 꾸준히 할 수 있다. 홈스쿨링의 장점은 아이와 상의해서 언제든지 학습 시간을 늘이거나 줄이며 학습량과 진도를 조절할 수 있다는 것이다. 혼자 또는 엄마와 하는 학습을 힘들어한다면 또래 친구와 함께 하는 것도 방법이다. 한때 내가 준규의 친구에게 수학 과외를 해주고 준규는 그 옆에서 스스로 공부를 했던 적이 있다. 가끔 수업에 참여하기도 하고 서로 묻고 가르쳐주면서 더 나은 효과를 보기도 했다. 자신의 아이보다 어린 친구들을 모아 선생님이 되어 동생들에게 공부를 가르쳐주게 하는 방법도 추천한다.

어린 나이에 학습에 대한 동기 부여가 저절로 생기기는 어렵다고 생각한다. 아이의 관심사를 토대로 독서나 다양한 경험들을 할 수 있도록 도와주는 것이 우선이다. 아이가 관심 있어 하거나 좋아하는 것이 있다면 강연회나 그 분야 전문가들과 만날 수 있는 기회를 찾아 때로는 적극적인 경험을 해볼 수 있도록 도와주는 것도 좋다. 물론 엄마 혼자 적극적이기보다는 아이와 상의하면서 진행해야 그 효과도 있다. 낯선 경험에 대한 두려움도 있지만 아이가 좋아하는 분야의 전문가의 강연이나 개인적으로 듣는 짧은 격려의 말 한마디는 그 어떤 것보다 좋은 동기 부여가 되기도 한다.

학습은
홈스쿨링의 일부일 뿐

즐겁고 효율적인 시간 만들기

홈스쿨링을 결정하기 전만 해도, 하루하루를 어떻게 보낼지에 대한 고민이 컸다. 1년 계획은 고사하고 하루 계획을 어떻게 세워야 할지도 막막했고, 그 결과가 온전히 내 책임이 되는 것은 아닌가 불안감도 컸다. 하지만 막상 홈스쿨링을 시작하고 보니 그것은 그리 큰 문제가 아니었고, 학습 계획은 단순히 홈스쿨링의 한 부분일 뿐이었다. 사교육 시장이 잘 형성되어 있는 우리나라에서 학습적인 부분은 큰 고민거리가 아닐 수도 있었다. 오히려 내 아이가 어떤 사람으로 컸으면 하는지가 더 크고 중요한 문제였다.

주어진 시간을 어떻게 하면 가장 즐겁고 효율적으로 사용할 수 있는

가를 두고 고민하기 시작했다. 지루한 공부는 최대한 짧게 끝내고, 본인의 호기심에 이끌린 것들로 즐겁게 하루를 채워나가 보자고 생각했다. 지루한 공부는 안 하면 어떨까 하는 마음도 내심 있었지만, 그 정도로 과감하지는 못했다. 다만 왜 공부를 해야 하는지 아이에게 납득시키고, 동기 부여를 해주는 과정이 사실 가장 어려운 부분이었다.

공부 방법에 있어서 준규만의 방식을 찾고자 시행착오를 반복했다. 준규가 더 재미있고 효율적으로 공부할 수 있는 좋은 방법을 발견하면 언제든지 그 방법으로 바꾸는 것을 주저하지 않았다.

학습보다는 아이의 즐거움이 우선!

학습 계획을 짤 때, 크게 스스로 학습할 수 있는 부분과 내가 도와줄 수 있는 부분들, 그리고 사교육을 이용해 배워나갈 수 있는 부분들로 나누었다.

처음에 수학은 내가 직접 가르치는 방식을 시도했었다. 그렇게 하니 아이는 나를 무서워하거나 내가 설명하고 있을 때 지루해하는 모습을 보였다. 그래서 방법을 바꿨다. 준규 혼자 공부하다가 막힐 때 도와주는 방식이었다. 이 방법으로 해보니 준규가 기존 방식보다 훨씬 집중도 잘하고, 설명을 들을 때도 경청한다는 것을 알았다. 그렇다 하더라도 교재 고르는 것과 계획 짜는 것 그리고 시간 배분하는 법은 서로 조율하며 함께 준비했다. 준규가 한 학년 과정을 끝낼 때마다 나는 기꺼이 축하와 격려를 보내며 준규가 자기 주도 학습을 계속 할 수 있도록 도와주었다. 내가 해줄 수 있는 것은 끊임없이 아이를 지지해주고 격려해주는 것, 그뿐이었다.

반면 과학은 집에서 도와주기 어려워 실습 위주의 수업 환경이 제공되는 사설 학원을 이용하고 있다. 홈스쿨링을 하면 학원도 이용하지 않고 오롯이 집에서, 부모가 공부를 가르쳐야 한다고 생각하는 분들이 많다. 하지만 꼭 그렇지는 않다. 준규는 학교를 다닐 때는 학원을 다니지 않았지만 오히려 홈스쿨링을 하며 적절히 사교육을 이용한다. 스스로 학습이 불가능한 과목이나 전문가의 도움이 필요한 과목, 부모가 도와줄 수 없는 과목, 그리고 친구들과 함께하면 시너지 효과가 있을 것 같은 과목은 학원을 이용하는 것도 좋은 방법이라고 생각한다. 우리나라는 워낙 사교육 시장이 다양해서 잘만 선택한다면 오히려 학습에 흥미를 가질 수 있는 기회가 될 수도 있다.

이렇게 아이가 흥미 있어 하는 수업 중 가정에서 도와줄 수 없는 부분이라면 사교육을 활용해 아이의 지적 욕구를 충족시켜줄 수 있을 뿐만 아니라 사회성 발달, 재능 발견 등 여러 측면에서 도움을 얻을 수 있다.

엄마 아빠와 함께 **신문 읽고 토론하기**는 시사를 이해하고, 서로의 생각을 나누면서 토론 능력도 키울 수 있는 좋은 방법이다.

준규의 경우 **영국문화원 수업**은 학습의 목적보다는 친구들과 함께 어울릴 수 있는 시간을 만들어주기 위한 것이다. 영국문화원에서는 일반

■ 준규에게 **맞는** 학습 방법 **찾기**

스스로 학습	엄마 아빠와 학습	사교육 학습
영어: 영상을 통한 학습하기 수학: 칸 아카데미와 문제집을 통한 학습하기 다양한 분야의 독서하기	신문 읽고 토론하기 잠자리 독서하기 수학 공부하기(도움 필요할 때 도와주기) 에어비앤비 게스트와 생활 영어 또는 영어책 읽기	실험 위주의 과학 수업 듣기 스포츠: 배드민턴, 바둑, 태권도, 탁구 배우기 영국문화원 수업 듣기

영어학원 수업과 달리 영어를 의사 표현의 수단으로 학습하는 편이다. 주입식 영어 교수법보다는 시간이 조금 걸리더라도 다양한 활동을 통해 몸으로 영어를 익히고, 그룹 활동을 하면서 친구들과의 관계 맺기를 배울 수도 있다. 포스터 만들기처럼 자신만의 아이디어를 발휘해 자유롭게 학습한 주제를 표현할 수도 있어서 수업 시간을 너무 재미있어한다. 마치 학교와 학원의 중간 같은 느낌이랄까?

스포츠는 동시에 여러 종목을 배우지는 않았다. 그때그때 아이의 관심사에 따라 선택을 했다. 집 근처 구립체육센터를 다니며 친구들과 어울릴 수 있을 뿐만 아니라 좋아하는 운동을 저렴하게 배울 수 있었다.

잠자리 독서는 퇴근 후 잠깐 그리고 주말에나 함께할 수 있는 아빠와의 시간을 조금 더 확보하고 유대감을 돈독히 하고자 실행하고 있다. 평소에 선뜻 읽지 않을 책들을 아빠와 함께 의논해서 읽기도 하고, 책 내용에 대해 서로 이야기해보는 좋은 시간이 된다. 모험과 관련된 소설을 좋아하는 특성상 남자들끼리의 모험심을 다지는 시간이 되고 있다. 가끔씩은 나 몰래 둘만의 게임을 즐기는 모험을 감행하기도 한다.

장사도 아이 주도 교육이다

학습은 홈스쿨링의 일부일 뿐이다. 어쩌면 학습보다 더 중요한 것이 다양한 삶의 경험일지도 모른다. 준규는 학교에 다니는 아이들보다 일상에서 친구들을 만날 기회가 적으니 먼저 다가가 같이 놀자고 말하는 적극적인 모습을 배우기도 했다. 또한 학교의 현장학습처럼 자신만의 방식으로 현장학습을 만들어나가기도 했다.

준규가 했던 자기 주도 활동들은 중고 책과 종이접기 작품 판매하기, 종이접기 강사 활동, 게스트하우스로 손님맞이하며 용돈 벌기 등이었다. 아이가 주도적으로 이런 일들을 계획하게 되면 마음먹는 그 자체로도 좋은 경험이 된다. 아이 스스로 해보겠다고 용기를 내고, 그 일정에 대한 계획을 세우고 준비해나가는 과정이 하나의 프로젝트 수업이 된다. 당일의 상황을 미리 시뮬레이션 해보면서 세세한 것들까지 메모하거나 챙기고, 준비한 것들을 현장에서 실행하고, 예상치 못한 돌발 상황들을 접하며 스스로 해결해나가는 소중한 경험을 할 수 있다.

집 앞 계동길에서 책을 팔기 위해 종이접기 시연을 하며 아 이들의 관심을 끄는 준규(만 10세)

장사를 하며 현장 상황에 맞게 항목 추가한 가격표(만 10세)

　또한 이런 경험들을 통해 사람들을 대하는 법, 본인의 상품을 홍보하는 전략, 상대가 궁금해하는 것을 파악해서 미리 알려주는 배려, 돈의 가치 등 살면서 필요한 모든 것들을 배울 수 있다. 아마 학교 안에 있었다면 시도해보려고조차 하지 않았을 다양한 경험들을 하며 아이는 하루하루 자라고 있다.

홈스쿨링 사교육 활용법
—칸 아카데미

수학과 영어를 동시에

아이는 외부 개입 없이 자기 스스로 공부하고 일정을 관리하는 것이 얼마나 힘든 일인가를 느끼고 있는 것 같았다. 가끔씩 내게 선생님을 구해주면 안 되냐고 묻기도 하고, 강제로 정해진 시간에 공부하도록 시켜달라고 할 때도 있었다. 하지만 그럴 때마다 이 정도는 준규 혼자서도 충분히 할 수 있다고 다시 확신시켜주면서, 더 어려운 공부를 하게 되면 그때 다시 생각해보자고 했다.

그렇게 여러 번의 시행착오 끝에 지금은 칸 아카데미(Khan Academy)를 통해 준규 스스로 공부하고 있다. 영어로 진행되는 수업이지만 이해되지 않을 때는 한국어 번역 기능을 사용할 수 있을 뿐 아니라 일부 과목은 한국어 사이트도 있어서 그걸 이용하기도 한다.

칸 아카데미는 준규가 4학년 후반부쯤 되는 시기에 접하게 되었는데, 처음에는 5th grade의 수학과 Computer Science 과목을 선택해서 들어 보았다. Computer Science는 아이가 그리 흥미를 느끼지 못해 시작 후 얼마 지나지 않아 그만두었지만 수학은 8th grade까지 학습을 이어갔다. 이미 공부했던 초등학교 과정 복습과 영어 공부를 동시에 할 수 있어서 유익한 방법이었다.

칸 아카데미 메인 화면(www.khanacademy.org) 코스 안내

홈스쿨링을 하며 준규가 가장 힘들어했던 부분은 선의의 경쟁자나 동료가 없다는 것이었다. 그런데 이 학습 사이트를 접하고 난 후, 아카데미 내에 있는 다양한 콘텐츠를 통해 먼 나라에서 공부하고 있는 다른 친구들을 만날 수 있었다. 앞서간 다른 학습자들의 흔적을 보며 스스로 달성하고 싶은 목표도 생겨서 매우 만족스러워하고 있다.

요즘은 학습을 할 때마다 자라는 아바타 기르는 재미에 푹 빠져 있다. 명예의 전당(고수 수준의 학습량)에 오를 수 있는 방법을 매우 궁금해하고,

차곡차곡 쌓이는 본인의 학습량을 확인하며 게임에서 레벨 올리듯 만족스러워한다.

칸 아카데미로 공부 중인 준규(만 11세)   준규가 매일 칸 아카데미로 공부를 하고 학습 포인트로 키운 아바타

준규는 매일 칸 아카데미 사이트를 이용해 그날의 계획된 학습량을 공부한다. 본인만의 속도와 본인만의 방식으로 나아간다. 너무 쉬우면 건너뛰기도 하고, 강좌를 보지 않고 문제 풀이만으로도 체크할 수 있을 때는 그냥 복습 개념으로 공부하기도 한다. 그렇게 스스로의 교실에 앉아 공부를 하다가 도움이 필요하면 날 부른다.

본인만의 속도로 공부하는 준규네 계동학교

며칠 전, 문득 궁금한 생각이 들어 아이에게 "요즘에는 수학 공부를 열심히 하는 것 같은데 이유가 뭐야?"라고 물었다. 아이가 웃으며 "예전에는 소수를 뭐에 쓸 거고, 왜 배우는지 모르겠다는 생각들로 가득했는데 요즘에는 생각이 조금 달라졌어요."라고 했다. 언젠가 배운 개념들을 써먹을 곳이 많을 것 같다면서, 공부하다 보니 생활에 필요한 부분들도 예상 밖으로 많다고 했다.

때로는 본인만의 인지 속도로 내달리기도 하고, 천천히 쉬어가기도 한다. 나는 엄마로서 아이가 지치지 않고 달리기를 계속 할 수 있도록 페이스 메이커 역할을 하고 있다. 그렇게 계동학교(우리 가족은 홈스쿨링하는 현재 상황을 그렇게 부른다.)는 학생을 천천히 살피며 커리큘럼의 완급 조절을 해가고 있다.

가끔은 나도 엄마인지라, 아이의 인지 능력을 보고 욕심이 날 때가 있다. 그럴 땐 조금만 더 성실히, 하루도 빠짐없이, 학교 수업 시간만큼만 공부하면 어떨까 하고 기대감을 품기도 한다. 하지만 어디까지나 엄마의 허황되고 끝없는 욕심일 뿐이라는 것을 다시금 깨닫는다. 늘 나 스스로 경계해야 하는 부분이다. 아이 인생에 대해 부모가 욕심을 품는 것, 그것만큼 위험하고 자제해야 하는 것이 없다. 홈스쿨링을 하면서 아이와의 물리적, 정신적 거리가 더 가까워졌기 때문에 더 유념해야 한다. 아이 스스로 사회에 당당히 설 수 있도록 거리를 두고 지켜봐주는 것, 그것이 어쩌면 부모 입장에서도 익히고 배워야 하는 가장 큰 부분일 것이다. 아이 또한 그 시간들을 통해 부모로부터 조금씩 분리되어 건강하고 안정감 있는 어른이 되어가는 과정을 경험할 것이다.

Mooc 홈페이지 화면(mooc.org)   한국어로 된 강의인 K-mooc(www.kmooc.kr)

4차 산업혁명과 더불어 학습에 대한 개념이 서서히 바뀌고 있고, 개개인의 다양성을 반영한 자신만의 콘텐츠를 확립하는 것이 중요한 시대가 되었다. MOOC(온라인 공개 강좌 플랫폼으로, 대학과 전문 교육기관의 강의를 온라인에 무료로 공개해 전 세계 누구나 집에서 교육을 받을 수 있도록 돕는다.) 등을 활용해 온라인 학습이 얼마든지 가능해졌고, 다양한 학습 도구들을 통해 본인만의 관심사를 지속적으로 발전시킬 수도 있다. 평생학습의 개념이 만연한 이 시대에, 어려서부터 본인만의 속도로 공부할 수 있는 지금의 이 환경이야말로 현 시대 상황을 반영한 가장 효율적이고 가장 즐거운 공부 방법이 아닐까 생각해본다.

이수해야 할 초등학교 교과 과정

초등학교 과정에서 반드시 습득해야 할 학습은 검정고시 과목 정도로 생각해볼 수 있다. 초졸 학력 검정고시의 경우 국어, 사회, 수학, 과학이 필수 과목이고, 도덕, 체육, 음악, 미술, 실과 영어 중 두 과목을 선택해서 시험을 보면 된다. 모든 교과서는 대형 서점에서 저렴하게 구매할 수 있고 인터넷 강의의 선택 폭도 넓다. 홈스쿨링을 하다가 중도에 학교를 다녀야 하는 경우, 희망 학년에 재입학이 가능한지를 평가하는 시험을 치르고 해당 학년으로 다시 들어갈 수도 있다.

필수 과목	선택 과목	
국어	도덕	
사회	체육	
수학	음악	중 두 과목 선택
과학	미술	
	실과	
	영어	

준규야,
엄마는 네가 부러워

마을이 키우는
아이

학교 밖에서 배우는 것들

홈스쿨링(언스쿨링*)을 시작하고, 시간이 지날수록 나는 우리 가족이 북촌에 살고 있어 참 다행이라는 생각을 더 많이 하게 되었다. 동네에서 만나는 사람들의 다양성 때문에, 준규의 홈스쿨링이 그리 별스럽게 보이지 않았기 때문이다.

★ 　홈스쿨링은 아이를 학교에 보내지 않고 집에서 직접 교육하는 방식이나 미국의 경우 학교에 가더라도 일주일에 25시간 미만의 수업에만 참석하고 나머지는 부모의 가르침을 받는 경우를 지칭한다. 학교 교육을 받지 않는다는 뜻에서 언스쿨링(Un-schooling)이라 불리기도 한다. 하지만 한국에서는 홈스쿨링으로 검색을 해보면 학습을 도와주는 학습지나, 방과 후 학습 매체에 관한 내용들이 대부분이다. 우리 나라에서는 오히려 언스쿨링이라는 표현으로 검색할 경우 우리가 생각하는 홈스쿨링에 관한 정보를 얻을 수 있다.

학교를 다니지 않는 준규의 중요한 일과 중 하나는 우리 집 강아지 곰곰이를 아침 저녁으로 산책시키는 일이다. 준규는 대문을 나서기 전 마당에서 사랑방의 게스트하우스 외국인 손님과 1차 수다를 떤다. 지드래곤이나 빅뱅을 아는지 물어보며 케이팝을 들려주거나 직접 노래를 부르며 춤을 보여주기도 한다. 자신이 만든 것들을 보여주거나 체스를 두자고 제안하기도 한다.

미국에서 온 게스트와 마당에서 체스 게임 중(만 10세) | 옆집 아이들과 골목에서 창문으로 인사하는 준규 (만 11세) | 사진관 스태프들과 곰곰이 회동(만 11세) | 북촌 탁구 관장님과 계동 길에서 미팅(만 11세)

그리고 준규가 집을 나서자마자 인기척을 느낀 옆집 노아는 자기 방 창문을 활짝 열어 인사를 건넨다. 노아의 누나 진아도 밖으로 나와 곰곰이를 쓰다듬거나 산책을 따라 나서기도 한다. 어떤 날은 노아, 진아의 집 마당이 놀이터이자 산책 장소가 된다.

골목을 나서며 식당 아저씨와 가벼운 인사를 나누고, 맞은편 흑백사진관 앞을 서성인다. 곰곰이와 준규를 보고 나온 사진 작가님이나 스태

프 분들과 또다시 수다를 떨기 시작한다. 그러다 새로 접은 종이접기 작품을 보여드리겠다며 곰곰이를 맡기고 집을 들락날락하기도 한다. 언젠가 준규가 접은 종이접기 작품들이 사진관 작은 쇼윈도에 전시되기도 했다.

사진관 작은 쇼윈도에 전시된 준규의 종이접기 건담 작품
(2017년 10월)

사진관에서의 회동을 마치고 계동 길을 따라 걸으며 아이스크림 붕어빵 가게 주인 부부에게 가벼운 인사를 하고, 걸음 속도를 늦추면 맞은편의 꽃집 누나들이 환호성을 지르며 나온다. 꽃향기와 함께 누나들과의 만남을 뒤로하고 다음 코스인 떡볶이 집으로 향한다. 주인 아주머니께 인사를 드리고 가게 옆에 묶여 있는 강아지 초코를 만나 곰곰이와 셋이서 수다를 떤다.

그리고는 북촌 탁구장으로 내려가 관장님께 곰곰이를 인사시키고 다른 회원 분들에게 맡겨놓은 채, 탁구를 치며 놀기도 한다. 만화책도 보고, 탁구공에 그림도 그리고, 음료수도 마시며 또래 친구들이나 회원 분들과 한참 동안 시간을 보낸다. 관장님에게 엄마 흉도 보고, 고민도 이야기하며 입으로 탁구를 칠 때도 많다.

그 후 한옥지원센터 옆 반송재*에 들러 만화책을 보며 곰곰이를 쉬게 한 후, 마지막으로 나의 단골 카페에 들러 수다를 떨며, 쿠키와 과일주스를 얻어먹고 기분 좋게 집으로 돌아온다. 때로는 동네에 새로 오픈을 준비하는 가게나 한옥집의 공사 현장에서 이것저것 참견하며 시간을 보내기도 한다.

서울 한가운데 자리하고 있지만, 역사를 느낄 수 있는 옛 것과 현대식 높은 빌딩들이 어우러져 공존하는 모습은 그 어디에서도 찾아볼 수 없는 정서이기도 하다. 가끔 우리가 아파트에 살면서 홈스쿨링을 했다면 어땠을까 상상해보기도 한다. 비슷한 세대 구성원들이 모여 살며, 다양성보다는 군중성이 더 강한 아파트에서는 아이가 편하게 숨쉬기 힘들었을지도 모른다. 다행히도 준규는 이곳에 살며 동네 분들의 도움 아래 사회를 배워가고 있다.

북촌이 주는 혜택, 소셜스쿨링(Social Schooling)

어느 날 준규가 산책을 다녀오겠다며 친구와 집을 나섰다. 집을 나간 지 한 시간쯤 지났을 때 한 통의 전화가 걸려왔다. 핸드폰이 없는 아이는 집 근처 문방구와 도서관에서 놀다가 지금은 경복궁이라며 관광객의

★ 　종로구 계동 한옥지원센터 뒤쪽에 위치한 반송재는, 동네 주민들에게 기증받은 다양한 책들이 구비되어 있는 아담한 마을서재이다.

전화기를 빌려 이야기했다.

나이가 어려 입장료도 공짜였다며 상기된 목소리는 한껏 신이 나 있었다. 동네 산책한다며 간 곳이 경복궁이라는 말에 귀엽기도 하고 대견하기도 해서 웃음이 났다. 그리고 두 시간 후쯤 도서관 사서 선생님의 전화를 빌려 다시 연락을 했다. 이번에는 사직단 옆 놀이터에서 놀다가, 그 옆 어린이 도서관에 있다고 했다.

평소에도 아이는 자전거를 타고 거기까지 가보겠노라고 이야기했었는데, 생각보다 가까운 거리도 아니고 날씨도 더워서 몇 번 말린 적이 있었다. 그런데 친구와 함께이니 평소 혼자 다니던 거리보다 행동반경을 넓혀 모험을 했던 것이었다. 너무 더우니 태우러 와달라는 말에 가보니 두 녀석이 꼬질꼬질한 상태로 만화책 삼매경에 빠져 실실 웃고 있었다.

성장하는 아이에게 교육 환경이 얼마나 중요한가를 이야기할 때 맹모삼천지교라는 말을 쓴다. 학군 좋은 지역으로의 이사가 현대판 맹모삼천지교가 될 수도 있겠지만, 어쩌면 역사의 흔적들을 자연스레 돌아볼 수 있고, 다양한 사람과의 교류를 통해 남부럽지 않게 자랄 수 있는 이곳 또한 현 시대의 맹모가 찾을 수 있는 대안이 될 수 있지 않을까?

아프리카 속담에 '아이 하나를 키우는 데는 마을 전체가 필요하다.'라는 말이 있다. 보통의 부모나 일반인의 입장에서 보면 홈스쿨링은 또래의 아이들과의 교류나 사회성 등에 취약점을 가질 수밖에 없다. 나도 학교를 그만두며 가장 걱정했던 것은 학습적인 면보다 사람들과의 교류, 사회성에 관한 부분이었다. 하지만 준규는 역사적인 장소들을 일상에서 쉽게 접하고, 나이와 국적에 제한 없이 많은 사람들을 만나며 다양한 경험을 하고 있다. 제한된 교실 안에서가 아니라, 마을을 기반으로 다양한 이들과 교류하며 배워나가는 이 모습을 나는 소셜스쿨링이라는 말로 정의하고 싶다. 어쩌면 이 환경이야말로 내가 진정으로 준규에게 주고 싶었던 교육 환경이 아니었을까 생각한다.

학교 밖 아이들을 위한 소셜스쿨링

준규는 마을 사람들과 소통하며 운 좋게 소셜스쿨링을 할 수 있었지만, 홈스쿨링을 할 경우 가장 크게 걱정하는 부분이 '사회성 결여'에 관한 것이다. 이런 부분들을 해소하기 위해 선택할 수 있는 방법은 교회 공동체, 봉사 단체, 공연을 하는 극단, 스포츠 활동, 오케스트라 활동 등이 있다. 소속감을 느끼며 지속적으로 관계를 맺을 수 있는 이러한 단체 활동을 통해 사회성을 키울 수도 있지만 이런 선택을 할 때 중요한 것은 기본적으로 아이의 성향이다. 친구들과 어울리는 것을 덜 좋아하는 아이라면 잘 맞는 친구 한 명으로도 충분할 수 있다. 준규는 외동인 데다 학교를 다니지 않다 보니 오히려 놀 친구들이 있으면 먼저 다가가 말을 걸 때가 많았다. 학교를 다니지 않아 사회성이 부족하다고 생각하는 것은 편견이다. 그저 아이의 성향이 다른 것이고, 아직 어릴 뿐이다.

이곳에서 친구를 만나서
다행이야

어린이 공동 작업 공간, 청개구리 작업장

학교를 그만두고 홈스쿨링을 시작하자 친구들과의 교류가 가장 큰 과제가 되었다. 홈스쿨링을 하는 개개의 그룹들은 소규모이거나, 서로 알음알음 알아서 함께하고 있는 경우들이 많아, 적합한 그룹을 찾는다는 것이 쉽지 않았다. 홈스쿨링 센터라고 간판이 내걸린 곳이라도 있으면 찾아가보고 싶은 심정이었다.

인터넷 등을 통해 아이 아빠가 홈스쿨링을 지원해 주는 단체들을 찾아보기도 하고, 대안교육을 지원해주는 정보들을 구할 수 있는 '민들레' 같은 단체를 찾아가보기도 했다. 하지만 대부분이 중학생 이상을 대상으로 하는 프로그램들이었고 초등학생을 위한 정보나 커뮤니티를 찾기란 쉽지 않았다. 사회적으로 청소년 문제를 해결하기 위한 대안들이 마련되고는 있지만 충분하지 않을 뿐 아니라 트윈세대*를 위한 대안 프로그램들은 거의 없는 상황이다.

프로젝트를 통해 완성한 아지트를 관리 중인 아이들

　그러다 우연히 남편이 찾은 곳이 하자센터에서 진행되는 청개구리 작업장이었다. 하자센터는 영등포 지역을 기반으로 지역 주민 참여 프로그램을 운영하는 곳인데, 그동안 서울 지역 곳곳을 다니며 팝업 놀이터 행사로 진행되던 청개구리 작업장이 2017년도부터 하자센터를 기반으로 상시 프로그램으로 운영 중이라는 것을 알게 되었다.

　청개구리 작업장은 친구들과 함께 작업하며 놀고, 즐겁게 공간을 가꿔보고자 하는 어린이 모임이다. 11~13세 어린이 10명 내외를 매년 인터넷(www.haja.net)을 통해 모집하는데, 별도의 자격 요건이나 제한은 없으며 뚝딱뚝딱 무언가 만들며 놀기를 좋아하는 친구들, 또래들과 어울려 놀며 마을의 구성원으로 활동할 어린이라면 누구든 참여할 수 있다.

　매주 1회씩 친구들과 1년에 걸쳐 자신들만의 프로젝트를 계획하고 진행하는 것으로, 청개구리 작업장에 참여하려면 종로에서 영등포를 오

★　　대체로 8~12세 사이의 아이들로 어린이와 청소년 사이의 중간 세대를 트윈세대라고 한다.

가야 하니 가까운 거리는 아니었다. 하지만 학교를 그만두고 나서 공부보다 친구들과의 교류를 더 걱정했던 터라 그 프로그램에 참여할 수 있게 되어 너무 다행이고 반가웠다.

청개구리 작업장의 활동 모습을 담은 활동집   목공팀의 지원을 받아 목공 작업 중인 아이들(2017년)

기적처럼 만나는 보물 같은 곳들

매주 금요일마다, 청개구리 작업장을 오가며 아이들이 1년 동안 기획하고 실행한 것은 자신들만의 아지트를 만드는 것이었다. 1년에 걸쳐 뭘 만들지 프로젝트 기획 단계부터 실행, 운영 및 관리까지 모두 아이들 몫이었다. 하자센터를 둘러보는 첫날의 일정을 시작으로 아지트의 위치와 공간의 크기를 의논하고, 하자센터의 목공방에서 목공팀의 도움을 받아가며 아이들은 고사리 같은 손으로 그들만의 아지트를 천천히 만들어나갔다.

다 만든 후에도 운영에 관한 문제점을 해결하기 위해 회의를 개최하여 의견을 모으고, 운영 규칙을 세우는 등 청개구리 작업장 내 어른이(어른+어린이)로 불리는 스태프인 하루, 뭉, 하리의 도움을 받아 아이들은 제목소리를 내는 법을 배워나갔다. 의견 대립 때문에 부딪히기도 했지만 협동하며 개개인의 목소리를 하나로 모으려고 애썼다.

자기 의견을 자유롭게 말하고, 친구들의 목소리를 들어가며 의견을 모아가는 활동들은 어디에서도 하기 힘든 값진 경험이었다. 얼마 전 그곳만의 열린 놀이 및 교육 방식이 EBS TV〈지식채널e〉에 방송되기도 했다. 청개구리 작업장에서는 2019년 3년차 신입 멤버들을 맞아 또 신나고 즐거운 작당모의가 이어지고 있다. 준규는 여전히 아이들을 위한 행사가 있을 때면 어김없이 그곳으로 달려간다.

학교를 다닐 때는 보이지 않았고, 찾을 생각조차 하지 않았던 소중한 공간들이 시간이 지나면서 서서히 보이기 시작했다. 학교 밖 아이들을 위한 프로그램들을 찾는 것이 쉬운 일은 아니지만, 준규를 한 뼘씩 자랄

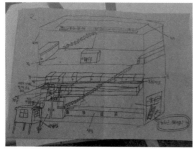

준규가 그린 하자센터 도면

아이들 힘으로 완성한 아지트의 모습

수 있게 해주는 보물 같은 곳들을 기적같이 하나씩 발견하게 된다. 학교 교육에 절망했던 적도 있고, 반감과 무기력함이 공존할 때도 있었다. 하지만 새로운 시도와 새로운 교육을 해보고자 하는 의지로, 보이지 않는 곳에서 묵묵히 애쓰고 있는 사람들은 분명히 있었다.

어린이들의 상상력 실험실, Frog Lab

얼마 전 하자센터에 Frog Lab이라는 새로운 공간이 탄생했다. 청개구리 작업장은 초등 고학년의 고정 멤버로 1년 동안 프로젝트를 진행하는 반면, Frog Lab은 영유아부터 초등학생들을 대상으로 예약제로 운영되는 프로그램이다. 재활용품들이 가지런히 정리된 공간 안에서 아이들은 그들만의 상상력을 바탕으로 다양한 시도를 해볼 수 있다.

Frog Lab 전경

갖가지 재활용품들이 실험 재료가 되는 Frog Lab

이 어린이 전용 실험실에서 아이들 각자 호기심에 이끌리는 대로 두 시간 동안 만든 발명품들을 들고 나왔다. 준규는 이날, 재료와 공구 지원이 가능한 이 천국 같은 공간에서 톱질까지 해가며 재료들을 자르고 이어서 만든 본인만의 총을 들고 나왔다.

Frog Lab 홍보 전단   준규가 Frog Lab에서 직접 만든 총

보기에는 그저 재활용품 장난감 같지만 총의 작동 원리를 다루어야 하니, 이 안에 물리가 있고, 기계 메커니즘이 있다. 스스로 만들고자 하는 동기 아래 유튜브를 찾아보며 총의 작동 원리를 영상을 통해 배우고, 그것을 스스로 구현해보는 활동 그 자체가 사실 과학 공부이기도 하다. 물론 처음부터 완벽한 구사가 힘들 수도 있지만, 박스를 자르고, 나무젓가락을 이어 붙여서 만들기 시작하던 것에 로봇 부품들이 더해져 재미있는 장난감이자 로봇이 탄생하는 것이다.

요즘은 메이커 스페이스들도 많이 생기는 추세이고, 이곳 Frog Lab처럼 아이들이 재미있는 작당을 할 수 있는 곳들이 조금씩 생겨나고 있다.

앞으로도 동네마다 이런 곳들이 더 많이 생겨나길 바란다. 또한 학교에서, 그리고 수업 현장에서도 이런 다양하고 기발한 시도들이 적극적으로 생겨나야 한다고 생각한다.

더 이상 학교가 지루하고 가기 싫은 곳이 아니라 아침에 눈뜨면 뛰어가고 싶은 즐거운 곳이 되어야 한다. 학교에서 아이들의 호기심이 날개를 달 수 있고, 그 날개를 달기 위해 공부가 필요하다는 것을 느낄 수 있으면 얼마나 좋을까. 그런 의미에서 작은 공간이지만 이런 시도들을 씩씩하게 해나가고 있는 이곳에 박수를 보낸다.

돈에 관심이 많은 준규의
장사 도전기

엄마! 나는 부자가 될 거예요

홈스쿨링의 장점 중 하나는 시간이 많다는 것이다. 심심할 틈이 많이 생긴다. 그 시간들이 쌓이면 아이가 뭘 좋아하고, 뭘 잘하고 싶어 하는지가 조금씩 보이기 시작한다. 단, 텔레비전이나 스마트폰이 없는 환경에서 더 효과적이다.

준규는 어려서부터 돈에 관심이 많았다. 사람들의 월급을 늘 궁금해하고, 어떤 직업이 돈을 많이 버는지, 어떻게 하면 부자가 되는지 늘 물었다. 아이 앞에서 '돈 돈' 하지 않았던 것 같은데, 주위 어른들에게 한 달에 수입이 얼마냐고 물으면 당황스럽다. 그런 질문은 너무 사적인 질문이라 실례가 된다고 해도 아이는 늘 궁금해했다.

숫자나 돈에 관심이 많은가 싶어 어렸을 때는 수학 동화(3~4세), 경제 동화(6세) 등을 보여주었다. 여덟 살 이후에는 보도 섀퍼의 《열두 살에 부자가 된 키라》(을파소, 2014), 니콜라우스 피퍼의 《펠릭스는 돈을 사랑해》(비룡소, 2000)와 같이 아이들 눈높이에서 볼 수 있는 책을 보여주기도 했다. 아이는 그 책들을 매우 좋아했다.

아이에게 네가 좋아하는 것을 계속 하다 보면 돈은 자연스레 따라오는 것이라고 늘 이야기해주지만 참 어렵다.

꽝도 선물을 주는 뽑기 장사

사실 돈에 대해 생각해보는 가장 좋은 방법은 돈을 직접 벌며 느끼는 것이다. 여섯 살 무렵, 아이가 돈을 벌어보겠다고 집 앞 계동길에 돗자리를 폈던 적이 있다. 아이가 뽑기 장사를 하겠다고 나선 것이다. 그다지 좋은 방식으로 돈을 버는 것은 아니어서 말리다가, 그래 직접 한번 해보고 느껴라 싶어서 조건부 허락을 했다.

준규는 박스 뒷면에 칸을 그리고, 숫자를 적어 넣으며 돈 벌 생각에 신이 나 있었다. 당시에 아이가 만든 종이접기들이 상자 가득 넘쳐나서 제안을 하나 했다. 생애 처음 뽑기로 순식간에 천 원을 잃었던 준규 경험을 상기시키며, 꽝 선물로 준규가 접은 종이접기를 주라는 조건이었다. 뽑기라는 것이 정당하게 돈 버는 방법이 아니기 때문에 선물을 하나씩 주어야 한다고 이유를 붙였다.

그날 아이는 비협조적인 부모 탓에 계동길에 돗자리를 펴고 홀로 앉아서 손님을 기다려야 했다. 20분 만에 다행히 한 명의 꼬마 손님으로부터 400원을 벌었고, 이제 장사를 그만하겠다며 준규가 돌아왔다. 꼬마 손님이 한 번 뽑기를 하더니, 꽝 선물을 받고 세 번이나 더 했다고 한다. 그리고 뽑기보다 상품으로 준비된 종이접기 로봇에 관심이 더 많았다고 했다. 어떻게 하면 접을 수 있는지, 더 살 수는 없는지를 물었다고 했다.

계동길에서 돗자리를 깔고 앉아 뽑기 장사 중인 준규와, 처음이자 마지막 손님이 된 아이와 그 엄마(만 6세)

뽑기 판으로 준규가 제작한 숫자판

아이에게 장사를 허락한 뒤 얻은 가장 큰 소득은 아이가 느꼈던 감정이다. 아이가 말하길, 아무도 관심을 주지 않는 상태로 혼자 길에 앉아 손님을 기다리는데, 기분이 이상했다고 했다. 손님이 안 오면 어쩌나 하는 걱정과는 다르게, 뭔가 자신이 초라해진 것 같은 기분이 들더라는 것이다. 그리고 마지막에 이렇게 이야기했다. "돈 벌기 참 어렵네요."

무조건 못하게 했더라면 아이는 화를 내거나 나를 들들 볶아 결국엔 어떻게든 하고 말았을 것이다. 짧은 시간이었지만 돈을 벌기 위한 그 준비 과정이 얼마나 중요한지, 어떤 활동을 통해 돈을 버는 것이 바람직한지에 대해서도 이야기해줄 수 있었다. 그리고 길에 앉아서 손님을 기다리는 그 시간 동안 당당하게 앉아 있을 수 있는 용기가 필요하다는 것을 느끼고 배울 수 있는 기회였다. 아이가 직접 장사를 할 수 있도록 허락한 것이 예상 외로 배울 것이 많았던 경험이 되었다.

달시장에서 종이접기 판매에 도전하다

뽑기 장사 이후 아이는 돈을 벌겠다고 나서는 일 없이 잠잠했다. 그런데 홈스쿨링을 한 지 1년쯤 지난 열한 살 때 준규가 '달시장' 참가 신청을 해달라고 했다. 달시장은 준규가 일주일에 한 번씩 가는 청개구리 작업장이 소속된 하자센터에서 열리는 행사로 사회적 기업, 협동조합, 마을 기업, 예술가, 지역 주민들의 지역 내 상품 판매와 홍보를 위해 열리는 축제였다.

미성년자이고 학생증 하나 없다 보니 아이

2017년 달시장 팸플릿

는 이럴 때 보호자가 필요했다. 준규는 휴대폰도 없고, 이메일 주소도 늘 까먹는 아이다. 참가 신청, 사전 모임, 행사 당일 판매부스 배정 절차 등 어른이 해주어야 하는 절차들은 모두 내 몫이었다. 그래도 무기력하게 있던 아이가 자발적으로 새로운 시도를 해보고자 하는 것만으로도 기뻐서 나는 기꺼이 도왔다.

아이가 팔고자 했던 것은 자신이 접었던 다양한 종이접기 작품이었다. 당시 아이는 '페이퍼 빌드'라는 종이접기 유튜버의 로봇 만들기에 깊이 빠져 있었다. 보통 로봇 하나당 A4 종이 100장 이상이 들어가는 것으로 제작 기간은 일주일 이상이었다. '사토시 카미야'라는 일본 작가의 종이접기도 한참 좋아했는데, 그 종이접기도 최소 4시간 이상 접어야 완성할 수 있었다.

아이는 어린이 대상으로 종이접기 작품을 팔고 싶은데, 너무 고가이면 안 된다고 했다. 또한 오랜 시간에 걸쳐 접은 큰 건담 로봇은 금액을 매기기도 힘들뿐더러 팔고 싶지 않다고 했다. 결국 그 작품들은 전시용으로 결정했다. 그리고 '달시장' 일주일을 앞두고 꼬마 손님들 눈높이에 맞춘 종이접기 작품들을 다시 준비하기 시작했다.

도전 성공! 5만 원의 가치

온라인 게임에서 한참 유행하던 '겐지 검', '표창' 그리고 갖가지 동물들을 판매용으로 준비했다. 행사 당일 날 현장에 도착하자 예상보다 훨씬 더 많은 판매자들이 있었고, 준규가 배정받은 자리는 맨 구석이었다. 준규는 달시장 행사 전날, 손님이 하나도 오지 않는 꿈을 꾸었다며 안 팔릴까봐 내심 걱정하고 있었다. 나도 용기를 낸 아이의 시도가 부디 좋은 경험과 기억으로 남길 간절히 바랐다.

달시장 판매용으로 만든 겐지 검, 표창 등

준규의 달시장 판매 테이블 모습(만 10세)

그때 어디선가 1~2학년쯤 되어 보이는 남자아이 세 명이 우리 테이블에 있던 종이 로봇들을 보더니 이내 달려와서는 질문 세례를 퍼붓기 시작했다.

꼬마손님1: 형, 이 건담 로봇 파는 거예요? 얼마예요?

준규: 응, 그건 너무 비싸서 너희가 살 수 없을 거야. 형이 접는 데 일주일 넘게 걸렸거든.

꼬마손님2: 이걸 형이 접었다고요? 어떻게요?

준규: 형이 종이접기를 8년째 하고 있는데, 그렇게 하면 너희도 만들 수 있어. 내가 봤던 종이접기 책 보여줄까? 대신, 너희들이 살 수 있는 종이접기 작품도 여기 있어.

준규가 달시장에서 팔 거라며 집에서 이상한 검을 접고 있기에, 속으로 별로라고 생각했었다. 평소에 접던 후지모토 무네지의 '오리로보★' 로봇이 훨씬 더 멋있다고 생각했지만, 마음 상할까봐 차마 말하지 못했었다. 그런데 아이들은 그 검을 보자마자 탄성을 지르며 사기 시작했다. 친구가 산 겐지 검을 보고 따라온 아이들도 많았다. 그렇게 테이블 앞이 꼬마 손님들로 북적거리기 시작했다. 어른들도 정말로 준규가 접은 게 맞냐며 아낌없는 칭찬을 해주었다. 같이 사진을 찍자는 요청부터 유튜브나 블로그가 왜 없냐는 질문도 많이 받았다.

겐지 검을 사기 위해 몰려든 꼬마 손님들
(만 10세)

달시장에서 종이접기 작품을 판매 중인 준규
(만 10세)

현장에서 팔 종이접기 작품이 부족하자 예약 주문을 받았다.

★　　오리로보는 종이접기를 뜻하는 오리가미와 로봇을 합성한 단어로 종이접기 로봇을 뜻한다.

허락된 판매 시간은 총 4시간이었는데, 초반 1시간 반 만에 준비해간 작품들이 모두 팔려버렸다. 판매 문의가 자꾸 들어오자 준규가 현장 제작을 해야겠다는 아이디어를 냈다. 그러면서 검 하나 만드는 데 30분 정도 걸린다며 예약 주문을 받기 시작했다.

아이는 입으로는 손님들을 응대하고, 손으로는 쉬지 않고 예약된 것들을 접었다. 나는 가격판 옆에 예약 현황을 메모해주고, 계산을 도와주며 잡일을 도왔다. 퇴근 후 도착한 아이 아빠까지 합세해 준규가 알려준 기본 유닛 접기를 해야만 했다.

그날 준규의 수익금은 5만 3천 원이었다. 500원에서 2천 원짜리 종이접기를 팔아서 5만 원이면 꽤나 큰돈이었다. 우리 부부는 준규의 성공적인 경험을 칭찬하고 함께 기뻐했다. 준규는 사람들이 너무나 좋아해 줘서 기뻤다면서, 달시장에 참여하길 잘했다고 했다. 그런데 금액 면에서는 만족스럽지는 못하다고 했다. 왜냐하면 레몬에이드를 팔았던 청개구리 작업장 친구들은 12만 원 정도의 돈을 벌었기 때문이다. 8년이라는 긴 시간 동안 본인이 접고 익히며 터득한 것에 대한 대가치고는 너무 적다는 것이었다.

아이의 기분이 어떤 마음인지 알 것 같았다. 집으로 돌아가는 내내 피카소의 그림 값에 대한 이야기며 예술품 값에 대한 이야기를 나눴다. 그러면서 준규 너의 종이접기가 지금은 비록 2천 원이지만, 2천만 원이 되는 날이 올 거라며 격려해주었다.

종이접기로
유튜브도 하고, 강사도 되고!

유튜브 도전! ― 미르의 종이접기

아이가 종이접기를 좋아하는 것을 보며 여러 가지 제안을 했던 적이 있다. 한옥에서 작은 전시회를 열어보자, 마을서재에서 종이접기 수업을 해보자, 종이접기 유튜브 채널을 운영해보자 등을 제안했다. 하지만 준규의 대답은 늘 'NO'였다. 본인보다 잘 접는 사람이 훨씬 많다는 것이 이유였다. 나는 그런 반응이 늘 속상했다.

그런데 달시장 판매를 계기로 준규의 마음이 움직였다. 유튜브 채널을 운영해보겠다고 했다. 그렇게 준규는 '미르의 종이접기'라는 채널을 개설하여 지금도 구독자를 한 명씩 늘려가고 있다.

처음에는 아이 스스로 책을 보며 서툴게 시작했다. 휴대폰도 없는 미성년자 아이가 유튜브 계정을 만드는 것부터 복잡하다 보니 아빠의 계정을 사용해 채널을 만들고 내 휴대폰을 빌려 동영상 촬영을 했다.

초반에는 본인이 궁금하고 좋아서 따라 접어본 작품들 위주로 업로드했다. 두세 번 반복해서 접어보고 어느 정도 숙련이 되어야 촬영에 들어갔다. 한 작품을 접는 데 몇 시간씩 걸리는 것들도 능숙하게 접기 위해 여러 번 반복하는 아이를 보며 천천히 따라 접는 것을 올리는 것도 괜찮지 않느냐고 권했다. 하지만 아이는 완벽하게 습득되었을 때만 영상을 올려야 한다고 고집했다. 아이가 너무 완벽한 모습만을 보이려고 하는 것 같아 살짝 걱정이 되기도 하고 안쓰럽기도 했지만 한편으로는 콘텐츠 하나도 가볍게 여기지 않는 준규의 태도가 바람직하다고 느꼈다.

처음에는 내가 동영상 편집을 도와주었지만 이제는 아이가 하기 때문에 나의 역할은 영상 촬영을 하는 동안 소리 내지 않고 조용히 해준다거나 근거 없는 악성 댓글을 모니터링하며 아이가 상처받지 않게 설명해

준규가 접은 드래곤

준규가 접은 장수풍뎅이

주는 것이었다. 아이가 처음 유튜브를 한다고 했을 때 가장 걱정했던 것이 악성 댓글이나 근거 없는 비방용 댓글이었다.

아이는 정성스럽게 접어서 업로드한 영상에 엄지손가락이 아래로 내려간 버튼이 눌러져 있으면 처음에는 황당해하기도 하고, 얼굴 없는 누군가의 이유 없는 야유 같아서 속상해했다. 옆에서 보는 나조차도 그런 버튼이 눌려 있거나, '별로 잘 접지도 못하면서.' 하는 투의 댓글이 달리는 것을 보면 화가 났다. 준규에게 "상대방이 잘하는 것을 인정할 수 있는 것도 용기 있는 사람들이나 할 수 있는 행동 같아. 이렇게 남이 올린 콘텐츠에 안 좋은 댓글을 달거나 버튼을 생각 없이 누르는 사람들은 아마도 관심이 필요한 사람들일 거야. 이런 식으로라도 누군가에게 관심받고 싶어서 왜곡된 방법을 택하는 게 아닐까 싶네."라며 온라인상에서 지켜야 하는 인터넷 윤리에 관해 이야기해주기도 했다.

나의 지속적인 모니터링과 설명을 통해, 이제 아이는 댓글에 크게 동요하지 않는 것 같다. 악성 댓글에 신경 쓰기보다는 관심사를 공유하며

준규가 접은 종이접기들을 책상에 올려놓고 기념 사진(만 10세)

미르TV <미르의 종이접기> 유튜브 화면

응원해주는 더 많은 이들이 있어 힘이 나서 계속할 수 있는 모양이다.

종이접기 강사가 되다

얼마 전 북촌 한옥마을지원센터에서 지역 주민을 대상으로 작은 강좌들을 신청 받고 있다는 것을 알게 되었다. 평소 준규에 대해 잘 알고 있는 이웃 주민이 꼬마 선생님으로 종이접기 강좌를 열어보라며 알려주었다. 그 이야기를 들은 준규는 초등학생들을 대상으로 종이접기 교실을 열면 돈도 벌고 재미도 있을 것 같다며 선뜻 동의했다.

행정적인 절차들이 해결되고, 6주에 걸쳐 매주 금요일 90분씩 종이접기 교실을 운영하게 되었다. 보조 교사로 참여하게 된 나에게도 아이들

마을서재 반송재 강좌 모집 팸플릿. 준규가 운영하는 교실이 팸플릿에 소개되어 있다.

준규의 종이접기 교실 마을강좌 신청 포스터(2018년)

을 도와줘야 한다며 접는 법을 알려주고, 아이들이 수업 시간에 접은 것들을 다시 한 번 따라할 수 있도록 동영상을 찍어 본인의 유튜브 채널에 업로드를 하는 등 적극적인 모습도 보였다.

종이접기 수업은 평소 말하기 좋아하는 아이의 성향이 더해져 순식간에 지나가버렸다. 재치 있는 입담으로 재미있게 수업을 이끌어가는 모습에 놀랍기도 하고 대견스럽기도 했다. 어른이라면 지나칠 수도 있는 아주 사소한 것들까지 물어가며 수업을 진행하는 모습에 준규의 또 다른 면을 보기도 했다. 예를 들어, 원하는 색종이 색깔에서부터 하트팔찌의 착용 방향까지 세세히 물어가며 아이들 눈높이에서 맞춤형 수업을 해나가고 있었다. 수업 전에 적잖이 걱정했던 나는, 아이가 책임감 있게 수업을 진행하는 것을 보며 괜한 걱정을 했다고 생각했다.

준규는 평소 로봇, 곤충 등 남자아이들의 성향이 강한 종이접기만 하던 아이였다. 그런데 수강자 대부분이 여자 친구들인 점을 감안해 수업 주제를 정하고 맞춰주는 모습을 보며 준규에게 너무 좋은 경험이 되고

종이접기 수업을 진행하기 전, 수강생 친구들에게 준규가 접은 작품들을 먼저 소개하는 중(만 11세)

수업 시간에 접었던 여자아이들 취향의 하트 팔찌와 반지(2018년)

있는 것 같아 흐뭇했다.

첫 수업을 성공적으로 마치고 집으로 돌아오는 길에 아이가 다소 흥분된 어조로 내게 말했다. "엄마, 이 수업 하길 잘한 것 같아요. 막상 수업을 해보니 선생님이 되어서 친구들을 가르친다는 것이 긴장되기도 하지만 동생들이랑 노는 것 같아서 저도 너무 재미있었어요."

반송재에서의 종이접기 교실로 자신감을 얻은 준규가, 이번에는 자신만의 종이접기 책을 만들어보겠다며 도전 중이다. 올 겨울 출간될 종이접기 책을 위해 준규는 친구들에게 어떤 종이접기를 알려줘야 본인처럼 종이접기를 즐길 수 있을까를 매일같이 고민하고, 스토리를 생각해내며 책 하나를 만드는 것도 쉬운 일이 아니라는 것을 몸소 느끼고 있는 중이다. 자기가 원해서 시작한 일이니 부모인 나는 아이가 중간에 지치지 않도록 그저 묵묵히 준규의 길을 응원하고 있다. 이렇게 준규는 조금은 다르게, 자신만의 방식으로 세상을 만나고 그 안에서 새로운 도전들을 하며 건강하게 커나가고 있다.

종이 로봇이
움직였으면 좋겠어요

준규의 로봇 사랑은 종이접기로부터?

준규의 종이접기는 본인이 좋아하는 것을 표출해내는 도구 중 하나였다. 준규가 자라면서 준규의 종이접기 주제도 공룡, 비행선, 로봇 등으로 바뀌어갔다. 2D의 종이가 3D 객체로 변화하는 과정들이 익숙해지면서 머릿속으로 뭔가 떠오르거나 영화의 멋진 아이템들을 보면 종이로 접어보곤 했다. 초등학교 입학 후 실시한 다중지능검사에서 준규는 공간 지각력이 매우 높다는 결과가 나오기도 했다. 물론 선후 관계를 따지기 어렵겠지만 평소 종이접기 활동을 많이 했던 것이 아이의 머릿속에 무언가를 입체적으로 떠올릴 수 있도록 도움을 주지 않았을까 생각한다.

로봇 접기에 한참 빠져 있던 아이는 어느 날부턴가 자기가 접은 종이

로봇이 움직였으면 좋겠다고 말했다. 그리고 그 말은 방과 후 로봇 수업을 통해 이루어지고 있었다. 종이접기가 공학에 접목되어 이용된다는 뉴스 기사는 또 한 번 준규를 자극했다. 본인이 좋아하는 종이접기를 이용해서 공학에 도움이 될 만한 유닛을 개발해보겠다며 여러 가지 접기 패턴을 연구하기도 했다.

접기 유닛 연구 중 탄생한 모양(2017년)

공학과 종이접기가 접목된다는 기사를 보고 유닛 패턴 연구 중에 접은 것(2018년)

종이접기를 로봇 만들기에 응용하여 곤충의 외피를 표현한 작품 '오무'(2018년)

몇 달 전 아이는 곤충류의 로봇을 만들며 종이접기를 응용해 곤충의 외피를 표현하기도 했다. 다른 재료로 외피를 만들 때보다 접혀 있는 각각의 패턴이 모터에 연결되어 움직임이 더 역동적으로 보이기도 했다. 물론 종이접기가 공학에 부분적으로 적용된 초급 수준일 수도 있겠지만, 두 분야를 접목시켜보는 시도를 한 것만으로도 충분히 가치 있는 일이라며 아이를 격려해주었다.

■ 준규의 로봇 진화 과정

다음은 준규가 만든 로봇의 진화 과정이다. 종이접기가 그림이나 레고에 비해 훨씬 숙련도를 요구한다.

준규가 그린 로봇

레고로 만든 로봇

종이접기로 만든 로봇

종이접기로 만든 로봇

키트로 만든 로봇

로봇으로 100만 원을 벌어 로봇 키트를 사다

그 당시 수업용으로 구매한 교육용 키트를 사용하여 로봇을 만들던 준규는 강력한 모터 힘으로 역동적인 구동이 가능한 트랜스포머 같은 로봇을 만들어보고 싶어 했다. 그런 로봇을 만들기 위해 필요한 바이올로이드 키트는 심화된 로봇 구현을 위해 사용하는 다목적 다관절 로봇 키트로 100만 원 상당의 고가 제품이었다. 아이는 이 키트로 격투 로봇, 달리기 로봇, 장애물 돌파 로봇, 미션 수행 로봇, 생체 모방 로봇, 공룡 로봇, 휴머노이드처럼 큰 관절의 움직임을 가진 여러 로봇들을 만들고 싶어 했다.

그러던 중 우연히 로보티즈*에서 주최하는 로봇 온라인 STEAM CUP 대회를 알게 되었고, 준규는 대회의 부상으로 주어지는 상금을 모아 고가의 로봇 키트를 사려는 나름의 계획을 세웠다. 대회를 알게 된 이후 내 예상과는 달리 아이는 며칠 내내 온종일 태블릿 PC만 보고 있었다. 로봇을 만들기는커녕 로봇을 핑계 삼아 인터넷만 하고 있는 것으로 보였는데, 나중에 알고 보니 대회 관련 사이트에서 수상한 작품들과 떨어진 작품들을 보며 어떤 로봇을 만들어야 상을 탈 수 있는지를 고민했다고 한다.

★   로보티즈(Robotis)는 1999년에 설립된 로봇 솔루션 개발 업체이다. 주력 분야는 로봇 구축 솔루션, 에듀테인먼트 로봇, 로봇 플랫폼 사업이다.

STEAM CUP 대회는 온라인 대회로 매달 업로드된 작품들을 모아 한 달에 한 번 수상하고, 분기별로 또 다시 통합 수상작을 선별하는 시스템이다. 아이는 며칠 동안 업로드되어 있는 작품들을 모두 살펴보고 분석한 결과 IoT 계열의 로봇을 만드는 것이 여러모로 수상에 좋을 것 같다는 결론을 내렸다. 그렇게 탄생한 로봇들은 스마트폰 화면을 통해 목표물을 조준할 수 있는 IoT 고무줄 총, 스탠드 전등의 전원을 스마트폰으로 조종할 수 있는 IoT 스마트 전등, 사람이 없을 때 스마트폰을 통해 강아지에게 밥을 줄 수 있는 IoT 스마트 개밥그릇 등이었다.

준규가 만든 IoT 고무줄 총(2017년)   준규가 만든 IoT 스마트 전등(2017년)   준규가 만든 IoT 스마트 개밥그릇(2017년)

준규는 자신의 작품을 매달 하나씩 출품하였고, 출품했던 작품들 대부분이 수상하여 1년 후 결국 간절히 원하던 100만 원 상당의 로봇 키트를 살 수 있었다. 로봇 구매 프로젝트는 부모의 도움이 아닌 아이의 적극적인 동기와 노력의 시간들이 더해진 결과였다.

아이가 원한다고 해서 무조건 다 사줄 수는 없다. 특히 고가의 물건이라면 경제적으로 부담이 되는 것도 물론이거니와 그 물건에 대한 절실함이 바탕이 되어야 한다는 게 우리 부부의 생각이다. 절실함이 있다면 아이는 갖고 싶은 물건을 얻기까지의 과정(심부름, 필요성을 설득할 수 있는 활동)에 적극적으로 참여할 것이며, 그 과정을 통해 돈과 물건의 소중함을 배우고 성취감도 느낄 수 있을 것이다.

요즘은 모든 것이 풍족해서 오히려 결핍이 부족한 시대이다. 먹을 것, 입을 것, 읽을 것, 놀 것, 볼 것들이 모두 넘쳐나고 부모의 사랑과 관심 또한 지나칠 만큼 넘쳐나서 문제가 되고 있다. 결핍은 그 자체로 힘들다고 느낄 수도 있지만 다음 단계로 가기 위한 동기 부여나 원동력이 되기도 한다. 어쩌면 아이가 원하는 것을 다 사주지 못했던 것이 아이에게는 작은 외적 동기가 되고, 이를 통해 로봇을 더 좋아하게 된 것은 아닐까 싶다.

어느 날 준규에게 물었다. 혹시 엄마 아빠가 비싼 로봇 키트를 그냥 일찌감치 사주었으면 어땠을 것 같냐고. 아이는 아마도 처음에는 신나

상금으로 어렵게 구매한 키트로 만든 코모도 왕도마뱀 (2018년)

갖고 싶은 로봇 키트를 사기 위해 로봇대회에 출전해서 받은 상장들

서 몇 번 만들다가 방치해 두었을지도 모르겠다고 대답했다. 수상 욕심에 로봇대회에는 출전했을 수도 있겠지만, 열정적으로 대회에 임하지는 못했을 것 같다고 했다. 그러면서 본인의 노력과 시간을 들여 가지게 된 로봇이라 더 의미 있고 애정이 생겨 꾸준히 활용하는 것 같다고 말했다.

무엇이든 열혈 부모가 되어 아이 손을 끌어당기기보다는, 아이가 원하고 그것을 얻기 위한 방법을 스스로 찾을 때까지 답답하더라도 기다려 주는 것이 어떨까 하는 생각을 하게 된다.

세상을 돕는 로봇공학자를 꿈꾸다

준규는 초등학교 2학년 때 학교에서 개설된 방과 후 수업을 통해 로봇을 처음 접했다. 그 전까지는 레고 조립을 좋아하고 종이접기를 통해 로봇을 만드는 정도였다. 준규는 로봇 수업을 너무나도 좋아했다. 선생님은 준규가 로봇 수업을 너무 재미있어하고, 잘한다며 수업 수준을 한 단계 높여보면 어떻겠냐는 제안을 했다. 지금 하고 있는 로봇 수업이 준규에게는 너무 쉬울 것 같다며 준규가 흥미로워할 만한 단계를 추천하며 수업 시간에 봐주겠다는 제안이었다. 그렇게 준규는 선생님의 배려로 로봇에 대한 흥미를 키워나갈 수 있었다.

이후 홈스쿨링을 하게 되면서도 아이는 로봇을 계속 배우고 싶어 했다. 다행히 방과 후 선생님의 배려로 로봇과 관련된 조언을 받기도 하고 모르는 것이 있을 때는 지도도 받을 수 있었다. 그러다 선생님이 코딩과 로봇 관련 학원을 오픈하게 되면서 그곳에서 계속 배우게 되었다. 선생님은 준규의 기발하고 독창적인 아이디어들에 잘 공감해주었고, 선생님을 통해 로봇 관련 대회 정보들도 얻을 수 있었다.

한동안 코딩이 정규 교과목이 된다고 해서 관련 학원들이 우후죽순으로 많이 생겨났다. 3개월 만에 배우는 속성 과정부터 코딩 교육의 본질이나 목적을 왜곡시키는 사례들도 많다. 하지만 운 좋게도 준규를 지도해주었던 선생님은 코딩은 단순히 툴을 쓰는 것이 아니라 기획이나 아이디어를 내는 융합 교육에 목적이 있다는 것을 잘 알고 있는 분이었다. 학교를 다니면서 방과 후 수업으로 배웠던 스크래치도 독학으로 여러 가지 다양한 것들을 만들며 익혀나갔다.

로봇에 대해 조금씩 알아가며 아이는 데니스 홍 박사를 좋아하게 되었다. 그리고 일본 후쿠시마 원자력 발전소 폭발 당시 인명 구조 로봇의 한계를 실감하며 시작된 다르파 로보틱스 챌린지 이야기를 접할 수 있었다. 결국 로봇이라는 것이 사람을 위해 존재한다는 것을 배우며 준규 또한 세상을 이롭게 할 로봇공학자의 꿈을 키워나가고 있다.

아이가 로봇에 관심이 많다면?

준규처럼 아이가 로봇 또는 코딩에 관심이 많고, 소질이 있다면 대회에 참가해 도전 정신과 성취감을 맛볼 수 있게 하면 좋다.

대회 종류	대회명	홈페이지
로봇	로보페스트 RECA	world-robofest.com
	로봇올림피아드 IROC	www.iroc.org
	로보티즈 STEAM CUP	steamcup.org
	코리아 로봇 챔피언십 KRC/FLL	www.fest.or.kr
	IRC 국제로봇 콘테스트	www.robotcontest.co.kr
	한국지능로봇경진대회	www.kiro.re.kr/cul/cintro.asp
코딩	소프트웨어(SW) 사고력 올림피아드	etedu.co.kr
	전국 어린이 코딩 경진대회	www.codingcontest.or.kr

로봇올림피아드 홈페이지(www.iroc.kr)

소프트웨어 사고력 올림피아드 포스터

미래의 로봇공학자 강준규입니다
— 〈영재발굴단〉 출연

홈스쿨링을 하면서도 여전히 내 마음속은 바빴다. 어떤 방향으로 아이를 도와줘야 하는지 막막할 때가 많았다. 그런데 마법같이 아이를 도울 수 있는 방법들이 보이기 시작했다.

우연한 기회가 만들어준 행복

준규가 홈스쿨링을 시작한 지 2년쯤 된 2018년 5월, SBS TV 프로그램 〈영재발굴단〉에 로봇 영재로 출연한 적이 있다. 방송국으로부터 뜻밖의 전화를 받고 놀랍기도 하고 기쁘기도 했지만, 한편으로는 걱정스런 마음에 처음엔 방송 출연을 거절했었다. 범상치 않은 아이들이 출연하는 그 프로그램을 몇 번 본 적 있는 나로서는 내심 걱정이 앞섰기 때문이었다.

방송 출연이 확정된 것은 아니라는 말에 방송국 작가와 몇 차례 전화 통화를 하게 되었다. 그리고 집에 방문해서 인터뷰를 먼저 해보고 싶다는 말에 우리 부부는 망설였지만 준규는 방송에 출연해보고 싶다며 강한 의사를 밝혔다. 자식 이기는 부모 없듯 결국 인터뷰를 진행하게 됐고, 이후 준규를 찍고 싶다는 PD의 연락을 받았다.

부모 된 입장에서 남들 앞에 영재로 방송 출연을 하게 된다는 게, 조심스럽기도 하고 염려되기도 했다. 내 아이가 그런 프로그램에 출연할 만큼 똑똑하고 특별한지 모르겠다는 생각이 들기도 했고, 인터넷 악성 댓글이나 남들의 평가가 두렵기도 했다. 그래서 준규에게 출연하지 않았으면 좋겠다는 의사를 조심스레 비쳤지만 아이는 너무나 확고했다. 1~2주에 걸쳐 하루 종일 촬영을 하는 힘든 일정이었지만, 로봇 분야의 멘토인 한양대학교 로봇공학과 한재권 교수를 만나 미래에 대한 꿈을

도서관에서 책 읽는 장면을 촬영 중인 모습(만 10세)

SBS <영재발굴단> 160회 방송 화면

나눌 수 있는 너무나 값진 경험이기도 했다.

방송이 나가고 우려와는 달리 홈스쿨링을 하고 있다는 이야기에 여유 있는 하루를 보내며 즐거워 보이는 아이 모습이 부럽다는 이도 있었고, 응원하는 이도 생겼다. 시골에 계신 할머니, 할아버지께서도 너무나 기뻐하셨다. 무엇보다 평소 학교에 가지 않는 준규를 내색도 못하고 걱정하시던 할머니, 할아버지께서는 방송 출연을 계기로 마음을 놓으셨다. 너무 별스럽게 아이를 키우는 것 아니냐는 말부터 당신들 어렸을 때는 학교를 가고 싶어도 못 갔지만, 요즘 시대에 학교를 안 보내면 어떻게 하느냐며 늘 걱정이셨다. 그런데 방송 출연 이후로는 걱정 어린 말씀이 싹 사라졌다. '잘 키워보라.'는 말씀과 함께.

남들과 다른 게 틀린 것은 아니야

홈스쿨링을 하며 알게 모르게 위축되어 있던 준규도 긍정적으로 바뀌게 되었다. 그동안 학교를 다니지 않는다고 하면 문제 있는 아이 아닌가 하는 시선으로 보는 이들이 적지 않았다. 그리고 그들이 한두 마디씩 던지는 걱정 어린 말에 알게 모르게 위축되기도 하고 상처도 받았을 것이다. 하지만 방송 이후 아이는 당당해질 수 있었고, 자신감을 더 찾게 되었다.

무엇보다 가장 반갑고 행복해하는 사람은 바로 나였다. 예전에는 이 아이를 내가 제대로 지원해주지 못해 망치는 것은 아닌지 하는 불안감도 있었고, 중학교나 고등학교 문제에 대해서도 고민이 많았다. 일반적이지 않은 방법으로 아이를 키우며 제대로 가고 있는지 늘 고민하고 불안해했었는데 방송을 계기로 내가 가고 있는 길이 꼭 틀리지만은 않았구나를 확인할 수 있게 되었다.

SBS <영재발굴단> 160회 방송 화면. 대문 옆에 설치해 놓은 고양이 밥그릇에 대해 설명하는 준규

SBS <영재발굴단> 160회 방송 화면. 한재권 교수를 만나 자신이 그린 로봇 설계도를 설명하는 준규

방송 출연 이후 준규에게 애정 어린 시선을 가지고 도움을 주겠다는 분들도 생겼다. 로봇, 코딩을 가르치는 학원에서 무료 교육을 제안하거나, 대기업의 홈 로봇 연구소에서도 지원해주겠다며 연락이 오기도 했다. 심지어 유명 교육 전문가로 활동하고 계신 분조차도 본인이 이상적이라고 생각했던 교육 방식을 실제로 실천하고 있는 사례가 있어서 놀랐다며 찬사를 보내기도 했다.

학교를 그만두었다는 이유만으로 영재교육원 수업 기회를 박탈당했을 때는 정말 대한민국이라는 나라에 실망했고, 준규에게 무능력한 부모 같아서 미안했다. 하지만 최근 들어 그 누구보다 행복한 날들을 보내는 준규를 보며, 부모인 나조차 본인만의 인생을 만들어가고 있는 열세 살 준규가 부러워지기도 한다.

남들과 다른 길을 가고 있다는 사실에 내 마음속 저 아래에서부터 스멀스멀 불안감이 올라올 때면, 남과 다른 것이 꼭 틀린 것은 아니라는 걸 되새기지만 가끔은 흔들리기 마련이다. 하지만 이제는 충분하다. 작은 흔들림에 그리 힘들어하지 않을 자신이 생겼다.

어쩌면 준규는 이미 본능적으로 알고 있었던 건 아닐까 하는 생각이 들기도 한다. 그동안의 시간들이 빛을 발하며 준규만의 색깔이 조금씩 인정받고 있는 것 같아 다행스럽기도 하다. 아니 사실 너무나 행복하다. 그리고 감사하다. 앞으로 매 순간 결정의 기로에 서게 될 것이고, 위기의 순간들도 있겠지만 이제는 그것도 하나의 과정이라는 것을 믿을 수 있는 여유가 생겼다.

홈스쿨링을 시작하고 마음이 흔들릴 때

홈스쿨링을 시작하고 아이는 로봇대회에서 여러 번 수상을 하며 작은 성과를 보여주었다. 또 종이접기 장터에 참여해 자신의 노력을 재능으로 보아주는 사람들을 만나 에너지를 얻기도 했다. 그리고 2년 후 <영재발굴단>이라는 기회를 통해 아이 스스로 자신감을 갖게 되면서 그 자신감으로 꼬마 선생님이 되어 종이접기 교실도 운영할 수 있었다.

솔직히 이런 일련의 성과가 없었다면 나도 아이와 함께 가는 이 길이 옳은 방향인지 불안했을 수도 있다. 다행히 불안감을 느끼기 전 아이의 시도들이 좋은 성과로 나타났기에 여기까지 올 수 있었던 것 같다.

홈스쿨링을 하는 다른 부모들도 분명히 힘들고, 과연 내 방법이 맞는가에 대해 의구심이 들 때도 있을 것이다. 홈스쿨링의 장점 중 하나는 끊임없이 다른 아이들과 비교해야 하는 환경에서 한발 물러나 있다는 것이다. 그러다 보니 내 아이가 좋아하고 잘하는 것이 무엇인지를 아이의 속도로 들여다보게 된다.

자녀가 학교에 다니는 부모들도 아이의 진로나 상황에 대해 끊임없이 걱정하고 불안해하기는 마찬가지이다. 홈스쿨링이라고 해서 더한 거라기보다, 단지 그 상황들을 공유할 누군가가 가까이에 있지 않아서 더 불안한 것일 수도 있다. 남들과는 조금 다르게 내 아이만의 독자적인 스토리를 만들어가는 과정이라고 긍정적으로 생각하면서 정체기는 더 큰 도약을 위한 준비라 생각해보자고 말하고 싶다. 부모가 부모의 인생에 집중해서 자신만의 성숙한 삶을 살기 위해 노력할 때, 아이 또한 그에 가까운 길을 갈 수 있다고 생각한다. 나는 하지 않고 아이만 잘하기를 바라는 욕심 많은 부모가 되기보다는 아이와 함께 성장하기 위해 노력하는 부모가 되어보는 것은 어떨까.

너도 누군가에게
나눔의 씨앗이 되길

준규, 인생의 멘토를 만나다

방송 이후 어느 날 전화 한 통을 받았다. 몇 년 전 실리콘 밸리의 기업
으로부터 거액의 인수 제안을 받을 만큼 성장이 기대되는 '럭스로보'라
는 벤처기업의 오상훈 대표였다. 럭스로보는 가로세로 3cm의 MODI라
는, 작지만 상상력만큼은 무궁무진하게 키울 수 있는 모듈과 코딩 프로
그램을 개발한 회사다. 그런데 이런 회사의 대표가 직접 전화를 주다니
나는 매우 놀랐다. 나만큼이나 전화를 준 대표도 긴장했는지 수화기 너
머로 들리는 목소리가 떨리고 있었다.

28세 청년 기업가가 된 대표가 초등학교 5학년이었을 때만 해도 로봇
을 배울 곳이 그리 많지 않았다고 했다. 본인은 그 당시 운 좋게 어느 로

봇 연구소 박사님으로부터 로봇을 배울 수 있었는데, 그 박사님이 "너도 커서 네 도움이 필요한 학생에게 도움을 주면 된다."고 하며 아무 대가 없이 무료로 가르쳐주었다는 이야기를 전했다. 그러면서 준규에게 앞으로 로봇과 관련된 것들은 본인이 다 가르쳐주겠다며 선순환의 모범을 보여주었다. 누군가의 나눔이 씨앗이 되어 이제는 준규에게까지 선한 영향이 미치고 있음에 감사했다. 그리고 준규 또한 나중에 그런 나눔의 주체가 되었으면 하는 마음에 설레기까지 했다.

럭스로보와의 만남은 이 아이를 어떻게 도와줘야 하나 고민하고 있던 나에게는 단비와도 같은 너무나 소중한 손길이었다. 오상훈 대표는 바쁜 시간을 쪼개어 준규에게 직접 로봇에 대한 많은 것들을 가르쳐주고 있다. 또한 준규에게 필요한 교육용 키트, 3D프린터, 다양한 프로그램 등 전폭적인 지원을 아낌없이 해주고 있다.

심지어 준규에게 수학과 영어 공부는 왜 해야 하는지 그리고 로봇과

럭스로보의 오상훈 대표와 처음 만나던 날 로봇 키트까지 선물 받고 신난 준규(만 11세)

아두이노 CEO 마시모 벤지를 만나 긴장과 설렘을 감추지 못하는 준규(만 11세)

는 어떻게 연결이 되는지 등을 알려주며 공부에 대한 동기 부여를 해주고, 홈스쿨링을 하는 준규의 진로까지 함께 고민해주고 있다. 럭스로보는 어떤 이들에게는 꿈을 실현하는 회사이지만, 준규에게는 이제 학교나 다름없는 곳이 되었다.

얼마 전 럭스로보에서 개최한 행사에 아두이노 CEO 마시모 벤지*가 한국을 방문하여 참석한 적이 있다. 오상훈 대표는 준규를 VIP로 초대하여 마시모 벤지와 개인적으로 만날 수 있는 자리까지 마련해주었다. 평소 의사표현에 거침이 없고 대범한 준규였지만, 귀한 자리임을 직감했는지 미리 준비해간 질문을 하는 내내 반쯤 얼어 있었다. 평소 우리 집에 묵는 외국 친구들에게는 틀리든 말든 거침없이 영어로 이야기하던 준규는 영어에 자신 없다며 통역자에게 소심하게 질문을 부탁하기도 했다.

마시모 벤지에게 몇 살 때 로봇을 배우기 시작했는지, 어떻게 로봇에 관심을 가지게 되었는지, 아두이노를 만들게 된 계기는 무엇이었는지 등을 물었다. 회장은 본인이 사용했던 로봇 키트들이 어려워서 쉬운 게 필요하다고 느꼈고 그렇게 아두이노를 만들게 되었다고 답해주었다. 그리고 준규에게도 너의 명함을 만들어보는 것은 어떻겠냐며 자신의 명함을 주었다. 짧았지만 강렬했던 만남을 가진 준규는 집으로 돌아오면서, 본인도 나중에 마시모 벤지처럼 편리한 로봇시스템을 만들어서 회장이

★　　마시모 벤지(Massimo Banzi)는 누구나 접근하기 쉽고 저렴한 전자 교육용 제품인 아두이노(Arduino)를 개발한 CEO이다.

되고 멋진 명함을 만들고 싶다고 말했다.

이렇게 오상훈 대표는 정말 감사하게도 준규의 인생에서 평생 기억될 순간들을 선물해주기도 하고, 준규가 꿈을 펼쳐가는 데 동기 부여가 될 수 있도록 여러 방면에서 도움을 주고 있다.

자신이 만든 로봇들을 세상에 알리다

럭스로보를 만난 후, 준규는 MODI라는 로봇 키트를 이용해 다양한 로봇들을 만들 수 있었다. 예전에는 새로운 로봇을 만들 때마다 기존의 작품들을 부숴야 해서 늘 아쉬워했다. 하지만 회사의 지원 아래, 본인이 만들고 싶은 것들이 생겼을 때 부수지 않고도 마음껏 로봇을 만들 수 있게 되었다. 그렇게 차곡차곡 쌓인 로봇들을 2019년 1월, 럭스로보 사내 행사에서 발표하고 시연할 수 있는 자리가 마련되었다. 준규는 생애 처

럭스로보에서 그동안 만든 로봇들을 직원들에게 프리젠테이션하는 준규(만 11세)

프리젠테이션 후 럭스로보 직원들과 오상훈 대표 앞에서 준규가 만든 인형 뽑기 로봇을 시연하고 있다.(만 11세)

음 자신의 로봇을 소개하고 시연해보는 자리를 가졌다. 두렵고 떨리지만 새로운 도전을 통해 성취감을 맛볼 수 있는 값진 경험을 할 수 있었다.

살면서 인생의 멘토가 될 만한 사람을 만난다는 것은 축복받은 일이다. 나는 오상훈 대표를 처음 만나고 오던 날 울컥하는 마음을 주체할 수가 없었다. 그동안 나 혼자 준규에게 어떻게 해주어야 할지 몰라 마음 졸이던 시간들이 떠올랐고, 돈으로도 살 수 없는 이런 소중한 기회를 만들어준 것에 대해 한없이 감사한 마음이 들었다. 여전히 준규는 20대의 패기 넘치고 긍정적인 형(준규는 오상훈 대표를 형이라고 부른다.)을 롤 모델로 어떻게 미래의 로봇공학자로 서야 할지, 하나하나 배우며 자신만의 꿈을 천천히 키워나가고 있다.

선한 멘토가 최고의 멘토

준규는 방송을 통해 인생의 멘토를 만날 수 있었다. 멘토는 아이의 인생에 모티브가 되며 긍정적인 영향을 미칠 수 있는 존재이다. 멘토가 꼭 유명한 사람이나 전문가일 필요는 없다. 아이에게 선한 에너지를 주거나 좋은 길을 안내해 줄 수 있는 사람이라면 누구나 멘토가 될 수 있다. 아이가 흥미 있어 하는 분야의 멘토를 만나는 것도 행운이지만, 부모가 그 역할을 할 수도 있다. 아이는 부모로부터 삶을 대하는 태도와 자세를 배우고 힘든 과정을 극복하는 법을 터득한다. 아이가 인생의 고민이나 어려움 등을 털어놓을 상대가 필요할 때, 그 상대가 부모인 내가 된다면 어쩌면 나는 이미 아이에게 훌륭한 멘토가 되었는지도 모른다.

■ 준규가 MODI로 만든 로봇들

곰곰이 자율 주행 장난감　　　　MODI 인형 뽑기 기계　　　　에어로켓 자동 발사기

곰곰이 계동 밥그릇　　　　오무 - 거대 벌레 겸 생체 모방 로봇　　　　크리스마스 트리

크리스마스 썰매　　　　증기기관차　　　　MODI 전동 휠

우리 아이는
지금 행복한가요?

엄마라는 미명 아래

평일 저녁 반포의 어느 카페에서 지인을 기다리고 있었다. 누군가 옆 테이블에 앉는 것 같은 인기척이 들리더니 이내 따발총을 쏘듯 엄마의 일방적인 대화가 시작되었다. 안 보는 척하며 옆을 슬쩍 보니 초등학교 4~5학년쯤 되어 보이는 남자아이와 엄마였다.

5분여간 숨 쉴 틈 없이 쏟아내는 엄마의 메시지는 이러했다.

"넌 머리는 좋아, 그런데 집중을 안 해."

"정신 똑바로 차리고."

"최선을 다해봐. 엄마는 네가 노력하는지 안 하는지 금방 알아."

"노력을 더해. 성실하게. 알았지?"

"지금 그런 식으로 해서는 아무것도 안 돼. 알아들었지?"

"4학년 때처럼 해서는 안 돼!"

가만히 듣다 보니 가슴속에 뭔가 욱하며 올라오는 것을 느꼈다. 그런데 나도 언젠가 아이에게 버전만 조금 다를 뿐이지, 저런 말을 하지 않았을까 하는 마음이 들었다. 홈스쿨링을 시작하고 1년쯤 지나 내 불안감이 차올라, 아이에게 모든 책임을 전가하듯 저런 말들을 했던 것 같다. 아이가 뭘 원하는지, 아이 스스로 왜 해야 하는지도 모를 나이에 말이다. 사랑과 엄마라는 이름으로 쏟아내는 저 폭언들을 들으며 마음 한편이 짠해졌다. 이렇게 제 3자가 되어서 거리를 두고 바라보니 너무나 잘 보였다.

그 엄마는 쉴 틈 없이 말을 쏟아내고는, 이제 네 생각을 말해보라고 했다. 그러나 아이가 한두 마디 할라치면 그 말머리를 잡아서 다시 한번 따발총 같은 말들을 쏟아냈다. 달콤한 아이스크림을 엄마의 쓰디쓴 말과 함께 삼키며 아이가 말했다. "엄마, 나는 이 학원에서 지금 배우는 수학이 너무 어려워요. 못하겠어요."

그래도 아이가 그 사이를 비집고 자기 생각을 말하는 것을 보며 다행이다 싶었다. 하지만 이내 엄마는 처음에 했던 말들을 조사만 바꿔서 다시 읊으며, 열심히 하면 할 수 있다고 말하고 있었다. 용기를 북돋아주는 것을 가장한 엄마의 욕심같이 들렸다. 그렇게 한참의 일방적인 대화가 오가고, 설득당한 아들은 체념한 듯 왼쪽 팔을 베고 무기력한 모습으로 수학 문제를 풀기 시작했다. 갑갑했다. 옆으로 다가가 한마디 건네고 싶었다. 그 엄마에게 이렇게 묻고 싶었다.

"어머님은 아드님이 이 수학학원을 왜 다녀야 한다고 생각하나요?"
"어머님은 하루에 집중해서 무언가를 하는 시간이 얼마나 되나요?"
"수학 공부는 누가 잘하고 싶은 건가요?"
"어머님은 최선을 다해 노력하고 있나요?
"아드님은 행복한 하루를 살고 있을까요?"
"아드님이 어떤 삶을 살길 바라시나요?"

엄마라는 미명 아래 아이들에게 가해지는 폭언이나 폭력들이 참 많다. 그런 흔하지만, 무시무시한 실수들을 간접 경험을 통해 겪게 되면 참 감사하다. 또 한 번 호흡을 고르며 '저런 실수 하지 말아야지.'라고 되뇌이게 되니 말이다.

무던히 애쓰고 또 견디고

준규가 며칠 전부터 배틀그라운드라는 게임에 나오는 총 중 에땁이라고 불리는 AWM을 만들고 싶다며 나무젓가락이며 박스, 고무줄 등 온갖 재료를 죄다 모아놓고 유튜브를 뒤져대더니 기어코 총을 만들어냈다. 실제로 글루건 심을 짤막하게 잘라 만든 총알을 넣으면 발사되기도 한다. 이미 이렇게 만든 총이 네 자루나 더 있다. 여기까지 이야기하면 '역시 아이가 똑똑해서 노는 것도 다르네.' 하고 볼 수도 있지만 이를 옆에서 현실로 겪어야 하는 부모 입장은 다르다.

손수 제작한 총을 들고 길에서 진지 하게 포즈를 취하는 준규(만 11세) 총 만드느라 잔뜩 어지럽혀진 방에서 총의 원리를 검색 중(만 11세) 박스, 로봇 키트, 플라스틱 등 온갖 물 건을 총출동시켜 만들기 중(만 11세)

　거의 한 달째 아이는 눈만 뜨면 총을 만든다며 박스를 오리고 유튜브를 뒤졌다. 그러다 보니 방은 순식간에 엉망이 됐고, 자기 방에 더 이상 어지럽힐 공간이 없으면 야금야금 장소를 확장해가며 온 집안을 난장판으로 만들었다. 당연히 이 닦는 것은 잊어버리기 일쑤고, 신었던 양말은 방 구석구석에서 숨바꼭질을 했다. 하루에 해야 할 일들도 하기 싫다고 짜증내는 일이 다반사고, 만들다 만 박스 자투리들과 재료 부스러기들이 나뒹구는 것은 예사였다. 새로운 우선순위가 등장하자 생활의 모든 것들이 2순위로 밀려났다.

이럴 땐 부모로서 늘 시험에 들고
만다. 아이의 몰입을 존중할 것인가,
최소한의 자기 주변 정리를 가르쳐
야 하는가의 문제로 말이다.

"몰입"

한 달 동안 준규가 만든 진화된 총들(만 11세)

아이는 자신만의 세계에서 자신
만의 시간을 보내며 행복해한다. 나
도 아이가 그런 시간을 충분히 누리길 원하고 존중하려 노력하지만 여
기서 발생하는 맹점은, 누군가 자기만의 시간 속에 몰입하고 있을 때 그
시간의 '밖'에 존재하는 주변 사람들은 힘들다는 것이다.

아이가 어릴 때야 오롯이 몰입이라고 보며 기다리는 것이 쉬웠다. 심
지어 남들도 어느 정도 이해하고 넘어가주는 경우도 많았다. 하지만 일
주일 전 누군가 진심어린 애정을 담아 말했다.

"준규 엄마, 지금처럼 준규가 하고 싶은 대로 다 놔두면 쟤, 사람 구실
하겠어요? 모질더라도 하기 싫은 것도 하게 가르치고, 좀 더 예의 바르
게 사람들을 대하도록 가르쳐야지요."

자식을 키우며 아이의 속도에 맞춰 천천히 가겠노라고 무던히도 노력
하지만, 결국은 이런 한마디에 무너지기도 한다. 그런 날은 아이의 방을

보며 너는 네 방 하나 정리 못하면 어쩔거냐로 시작해서 모진 말로 아이를 마구 할퀴고 다시 후회하기도 한다.

아이가 정리정돈도 잘하고, 다른 사람을 배려할 줄 알며 공부도 열심히 한다면, 부모 보기에야 편하고 안심할 수 있을지 모른다. 하지만 그것도 어른들이 세워놓은 기준으로 어른들 편하고 이상적인 방식으로 아이들이 행동하길 바라는 것이 아닐까?

그래도 다행인 것은 내 인내심이 아이에게 어떤 영향을 주었는지 이미 경험해보았다는 것이다. 수없이 나뒹구는 종이접기를 견디니 멋진 종이접기 작품들이 탄생하고, 종이접기 수업을 운영하고, 종이접기로 책을 준비하게 된다는 것을 말이다. 방에 들어서면 밟히는 나사, 걸레질을 할 때마다 방 구석구석에서 보물찾기하듯 나오는 부품들, 수많은 조각과 연장으로 어지럽혀진 혼돈 그 자체의 방에서 나는 멋진 로봇들이 탄생하는 모습을 보았다.

이 모든 것이 결코 짠! 하고 하루아침에 이루어진 것이 아니라는 것을 이제는 안다. 무던히 애쓰고 무던히 어지럽힌 시간들이 켜켜이 쌓여 여기까지 온 것이라는 것을 그 누구보다 더 잘 알기에 나는 오늘도 견뎌보기로 마음을 먹는다.

행복한 시간이 언젠가 힘이 되어줄 거야

어느 날 준규가 저녁 내내 메르스(중동호흡기 증후군) 이야기를 묻는다. 확진 판정을 받은 환자가 병원에 격리 수용되어 있는 상태이고, 확인되지 않은 밀접 접촉자 관련 뉴스가 계속 나오고 있는 상황이었다. 아들은 두 시간이 넘도록 메르스, 에볼라 바이러스에 관련된 질문을 쏟더니 이윽고 검색창을 통해 이 질병들에 대한 정보를 확인하기 시작했다. 갑자기 이런 질병들을 궁금해하는 아이의 모습이 이상해서 물었다.

엄마 : 준규야, 너도 메르스 걸릴까봐 걱정돼서 그래? 관심이 왜 그렇게 많아?

준규 : 엄마. 저는 요즘 하루하루가 너무 행복해서 메르스 같은 병에 걸려 죽을 수는 없거든요. 요즘이 제 인생의 황금기 같아요. 매일 매일이 너무 신나서 지금 그런 병에 걸리면 너무 억울할 것 같아요.

엄마, 저는 앞으로 이루고 싶은 게 참 많아요. 지금 하고 싶은 것도 너무 많고요. 그런데 지금 메르스에 걸리면 안 되니 예방법에 대해 잘 알고 있어야 할 것 같아서요.

예상치 못한 아들의 답변에 너무 행복해서 울컥했다. 학교를 관뒀던 가장 큰 이유는 아이가 하루하루 행복했으면 하는 바람이었다. 앞으로도 수없이 롤러코스터 같은 인생을 살겠지만, 이런 행복함을 느끼는 나날들은 아이 인생에 있어서 큰 원동력이자 자양분이 될 것이다.

오늘 하루를 행복해하는 아이와 함께 이 행복함을 마음껏 누리며 하루를 보낸다. 참 감사한 일이다.

행복한 오후, 마당에서 우리 가족(photo by 물나무 김현식)

엄마,
나는 아기였을 때
어땠어요?

아이의 호기심을
인정하기까지

'하지 마', '안 돼'라는 말의 무게

아이에게 집이란 난생 처음 접하는 우주와도 같고, 부모란 믿고 의지할 절대 존재에 가깝다. 아이는 부모나 주 양육자를 통해 세상에 대해 하나씩 배워나간다. 본인의 의지로 궁금한 물체까지 기어갈 수 있게 되면 아이는 적극적으로 탐색을 시작한다. 손에 넣어 촉감을 느끼고, 입에 넣어 물건의 실체를 파악하기 위해 애쓴다. 그런데 그럴 때마다 '안

요거트를 먹고 만지며 온몸으로 탐색하는 준규(15개월)

돼', '지저분해', '위험해'와 같은 부정적인 말들로 손과 입에 있는 것들을 번번이 빼앗기거나 제지당한다고 생각해보자. 아이들은 행동을 하기 전 부모의 표정부터 살피게 될지도 모른다. 궁금증이나 호기심이 엄마를 화나게 만드는 부정적인 감정이라는 편견을 갖고서 말이다. 그리고 아이가 처음 만나는 세상은 궁금함으로 넘쳐나는 곳이기 이전에, 피하고 조심하고 경계해야 하는 곳이 되어버릴지도 모른다.

어떤 전문가들은 아이가 태어난 후 36개월까지가 두뇌 발달의 결정적 시기라 말한다. 누구나 태어날 때 고유한 두뇌를 만드는 데 충분한 뇌세포 덩어리를 공평하게 부여받는다고 한다. 하지만 이후 어떻게 자극을 주느냐에 따라 발달할 수도 있고, 퇴보할 수도 있다.

어린아이가 지닌 무한한 잠재력과 가능성을 생각한다면 내가 당장 편하고자 아이에게 던지는 '안 돼!' '하지 마!'라는 말의 무게에 대해 한 번쯤 멈춰 생각해보게 된다. 물론 무조건적인 허용 또한 위험하다. 가장 이상적인 것은 어른이 만들어 놓은 큰 가이드라인 안에서 아이가 마음껏 탐색하고, 궁금해할 수 있는 환경을 제공하는 것이다.

나도 성가시고 귀찮아서 안 된다고 하기도 하고, 어디까지 허용해야 하나

병원 다녀오는 길에 급히 써야 할 것이 있다며 병원 앞 보도에서 처방전 뒤에 무언가 그리는 준규(27개월)

혼란스러울 때도 있었다. 하지만 아이의 신체에 심각한 위험을 초래하거나, 다른 사람에게 큰 피해를 주는 일은 안 된다는 최소한의 기준을 만들어 아이를 양육하려고 애썼다. 아이가 호기심 가득한 시선으로 세상을 탐색하고 알아가려 할 때, 그 호기심이 제지당하기보다는 독려되어야 아이의 궁금증과 사고가 증폭될 수 있고 이는 아이의 상상력이나 또 다른 지적 욕구로 이어질 수 있다.

아이의 엉뚱함이 창의적 사고를 키운다

세상은 4차 산업혁명을 거론하며, 기존의 지식 주입형 교육에서 벗어나 아이들의 창의성을 길러줘야 한다고 말한다.

그렇다면 창의적인 사고란 무엇일까? 창의력은 어떻게 기를 수 있을까? 요즘은 아이들의 창의성을 기르겠다고 학원을 보내고 문제집을 풀게 하는 세상이다. 그런데 과연 이런 것들로 창의적인 사고가 길러질까?

창의성은 기존의 것들을 통해 생각을 새롭게 전환할 수 있어야 함을 뜻한다. 엉뚱함과 창의적인 사고의 출발선은 그리 다르지 않다고 본다. 아이들은 사물에 대한 고정 관념이 없다. 그만큼 같은 사물을 가지고도 엉뚱한 행동들을 많이 한다. 어른들 입장에서는 그 행동들이 다소 번거롭게 느껴지기도 하고, 얼굴을 찌푸리게 되기도 한다.

의자가 있다. 어른들에게 의자란 앉는 데 쓰는 도구에 불과하다. 하지만 어린아이들은 그 의자를 뒤집어서 올라타고, 여러 개를 붙이고, 그 밑에 들어가고, 붙여놓은 의자 위에 천을 씌우며 다양하게 논다. 의자가 말이 되기도 하고, 기차가 되고, 터널이 되고, 동굴로도 변한다. 그

의자 하나로도 온갖 상상력을 펼치는 아이들. 동굴을 빠져나오는 검치 호랑이로 변신한 준규(17개월)

다양한 상상 놀이들은 "의자 원래대로 놔둬."라는 어른의 한마디로 무시되기 일쑤다. 너무 아깝다. 어쩌면 우리 아이가 몇십 년 후 노벨상을 탈 기회를 걷어차버린 것일 수도 있다. 이런 상황에서 어른이 할 일이란 그저 때와 장소를 가리지 않고 모든 의자를 그렇게 할 수는 없다는 것을 가르쳐주는 것 정도가 아닐까?

창의적인 사고는 부모의 생각으로 한계를 만들어놓지 않음으로 꽃을 피울 수 있다고 믿는다. 한 살이라도 어렸을 때, 아이 자신만의 방식으로 사물을 해석하고 사고를 칠 수 있도록 허용해주는 것은 어떨까? 타인에게 피해를 주거나, 생명에 위협이 되지 않는다는 큰 전제만 두고 말이다.

아이를 위해서? 나를 위해서?
내 욕심에 속지 말자

아이가 원하는 것과 내가 원하는 것

남편: 준규야, 흙장난 그만하고 우리도 가자~.

준규: (대답 없음) ······.

남편: 준규야, 저기 끝까지 가면 타조도 있대.

준규: (들은 척도 하지 않음) ······.

남편: 너 계속 그럴 거면 혼자 있어. 아빠는 그냥 엄마랑 간다.

준규: (안들리는 듯함) ······.

남이섬 초입부에서 5분도 채 걷지 못하고, 한 시간이 넘도록 바닥에 꼼짝 않고 앉아 흙장난만 하는 준규를 보며 남편은 슬슬 자제력을 잃어

가고 있었다. 준규가 34개
월쯤 되었을 때의 일이다.
여느 부모가 그렇듯 아이
에게 이 세상에 얼마나 신
기한 것들이 많은지 보여
주고, 직접 느끼게 해주고
싶은 기대에 부풀어 주말
나들이를 나섰지만 이 불

낙엽을 치우고 땅을 파면 지구 중심에 닿을 수 있다며 남이섬 나들
이 중 낙엽만 치우는 준규(34개월)

편한 대치 상황을 해결하지 못하고 있었다. 겨우 5분이지만 난생처음 배
를 탄 아이의 반응이 궁금해서 들떠 있었고, 섬 안에 있는 타조, 청설모,
거위, 오리를 보면 얼마나 신기해할까 상상하며 남편과 나는 아이보다
더 설렜는지도 모른다.

하지만 우리의 기대와는 달리, 배에서 내려 몇 미터도 못 가서 아이는
모래와 낙엽에 정신이 팔리고 말았다. 온갖 회유와 엄포도 통하지 않았
다. 선착장 근처에서 오리들에게 옥수수 알갱이를 주는 아이를 겨우 꾀
어 움직인 지 5분도 채 되지 않아 흙장난만 하고 있는 아이가 야속하게
느껴지기까지 했다.

이 상황을 지켜보던 나는, 남편에게 준규 고모와 먼저 섬 안쪽으로 가
는 게 어떻겠냐고 제안했다. 평소 나를, 너무 아이한테만 맞춰주는 유별
난 엄마라고 생각하기도 했던 남편은 답답하다는 투로 말했다.

"그냥 울든 말든 강제로 끌고 가면 되지, 어떻게 다 맞춰주냐!"

준규를 하염없이 기다리는 나라고 좋을 리 없을 텐데 화를 내는 남편이 속 좁게 느껴지기까지 했다. 결국 난 자제심을 잃고 준규 편을 들고 말았다.

"타조를 보여주고 싶은 건 준규 아빠 바람일 뿐이지, 그걸 보여주겠다고 끝까지 직행하자는 게 어른 욕심 아니고 뭐야? 왜 섬 끝까지 가야 하는데? 준규를 위해서? 준규 아빠를 위해서가 아니고?"

갑자기 분위기가 냉랭해지고, 남편은 결국 타조가 있는 섬 끝을 향해 먼저 걸음을 옮겼다. 남편은 가다 멈춰 아이와 나를 되돌아보기를 여러 번 반복했지만, 준규는 여전히 흙장난에 빠져 아빠가 가든 말든 상관도 하지 않았다. 결국 20~30분 정도 흙장난을 더한 후에야 청설모도 보고 타조 구경도 하고 집으로 돌아올 수 있었다.

엄마, 정말 내가 그랬어?

생후 18개월이 지나면 부모 말을 순순히 따르는 아이는 없다고 한다. 다만 기질에 따라 조금 더 순종적인 아이가 있거나, 아니면 부모의 강압적인 태도에 대한 경험 때문에 눈치를 보며 따르는 아이가 있을 것이다.

하지만 '두 살이 되면 아이는 자기 자신을 의식하기 시작하고, 자기가 선택하고 싶어 하며, 한 사람의 인간이 되려고 한다.'[*] 엄마 아빠의 마음

★   이자벨 피이오자 《부모의 심리백과 완벽한 부모는 없다》(알마, 2009, p.258)

을 몰라주어서도 아니고, 부모를 화나게 하려는 건 더더욱 아니다. 그저 본인이 선택한 것을 충분히 하고 싶은 것, 그뿐이다.

손은 굴착기의 삽이 되고, 신발은 덤프트럭이 되어 모래를 실어 나르기를 무한 반복 중(34개월)

그런데 그 과정에서 아이와 부모 사이에 벌어지는 미묘한 신경전이 주도권 싸움으로 번지기까지 한다.

30분? 길면 한 시간? 천천히 가도 될 것을……. 남편이 야속했다. 지금 돌이켜보면 나도 아이를 이해하고 받아들이기 버거운데, 남편까지 달래야 하는 그 상황이 힘들었던 것 같다.

그렇게 세상의 중심이 자기였던 아이는 어느덧 열세 살이 되었다. 어느 날인가 주차장에 주차를 하고 집으로 돌아오는데, 아들 녀석이 내 손을 잡고 걷고 있었다. 언제부터인지 모르겠지만 최근에는 자주 그랬던 것 같다. 문득 예전 생각이 나서 남이섬 이야기며, 길도 아닌 야산으로만 돌아다니던 이야기를 아이에게 들려주었다.

준규: 정말? 내가 그랬어?

엄마: 응, 걸음마 떼고부터는 유모차에 순하게 앉아 있는 법이 없었고, 위험해서 손을 잡으면 뿌리치고 화내기 일쑤였어. 그런데 이렇게 커서 엄마랑 다정히 손

을 잡고 걷는 날도 다 있네.

빙그레 웃으며 이야기를 듣던 아이가 내게 말했다.

준규: 나 같은 아들을 키우는 게 쉽지는 않았을 것 같은데, 어떻게 그런 걸 다 기다
　　 려줬어? 난 엄마 아들로 태어난 게 참 다행인 것 같아.
엄마: 오~ 그래도 아들이 이렇게 알아주는 날이 오네.

남이섬까지 와서, 동네 놀이터에서도 할 수 있는 흙장난을 하는 아이
를 기다려보자고 마음먹은 건 언제부터였을까? 정확한 시기는 잘 생각
나지 않지만, 그렇게 마음먹게 된 건 준규가 걷기 시작한 때부터였다.

보행로가 아닌 길로 걷는다고 큰일이 나진 않더라

준규는 평평하고 안전한 보행로를 놔두고 야산 구릉을 헤집고 다니기
일쑤였다. 편한 길을 놔두고 위험해 보이는 길로만 가려 하는 아이를 이
해하기 어려웠다. 그런 아이를 말리다 폭발해버릴 것 같은 날도 많았다.
여느 부모가 그렇듯 "안 돼!"라는 말로 엄포를 놓기도 해보고, 보행로
로 걷자고 조곤조곤 설득해보기도 했다. 하지만 들은 척도 하지 않고 야
산으로 내달리는 아이를 어쩔 수가 없어 포기하고 따라가기 시작했다.

아이 행동에 대한 공감이나 이해라기보다는 포기에 가까웠다. 그런데 내가 말릴 때마다 반복되는 "왜요?"라는 아이의 질문에 나조차 마땅한 이유를 찾을 수가 없었다. 보행로가 아닌 산길로 걷는다고 큰일이 나는 것도 아닌데 말이다. 그저 내가 편하게 따라가고 싶었던 것은 아닐까 하는 생각이 들었다.

낯선 곳 탐험은 뒤도 돌아보지 않고 늘 앞장서는 준규(만 4세, 북악산)

그때 아이가 순순히 내 손을 잡고 따라왔더라면 나 편한 길로만 아이를 이끌었을 것이고, 아이에게 내가 걸어온 길만큼만 보여줄 수 있었을지도 모른다. 돌이켜보니 포기의 기미가 보이지 않는 아이를, 어쩔 수 없이 따라가주었던 것이 오히려 다행인 것 같다.

아이는 일상의 경험을 통해, 궁금한 것이 있을 때 조금은 험해 보이고 인적이 드물더라도 일단 가보려 하는 삶의 태도를 배웠을지도 모른다. 또한, 남들이 편하고 안전하게 닦아놓은 길을 따라가기보다는 자기만의 호기심을 따라 나아갈 수 있다는 긍정적인 경험을 했을 수도 있다. 물론 아이가 산길로 걸었다는 것 하나로 무슨 그런 확대 해석이냐고 할 수도 있겠다. 하지만 나는 사소하게 지나칠 수 있는 그 일상들이 모여 준규의 상상력의 원천이 되는 것은 아닐까 생각한다.

준규는 강제로 끌고 가려 하면 할수록 반대 방향으로 더 강하게 튕겨 나가는 아이였다. 그래서 혼내기보다는 오히려 이해시키는 방법을 택해야 했다.

준규를 위해서 택한 육아 방식이기는 했지만, 나 스스로에게도 왜 그렇게 해야 하는지 이유가 필요했다. 그래서 책을 보기 시작했던 것 같다. 준규의 이해되지 않는 행동들에 대해 그 이유를 찾고 싶었다. 쉬운 육아 서적부터 시작해서 교육학 전문 서적들까지 읽어나갔다. 책을 보면 볼수록 아이의 행동들 뒤에 숨은 이유들이 보이기 시작했다. 그렇게 나는 조금씩 엄마가 되어가고 있었다.

할아버지 댁 과수원에서 몇 시간째 땅굴을 파며 노는 중(만 8세)

떼쓰는 아이의 행동 너머엔
늘 이유가 있다

자기 전 책 읽어달라고 떼쓰는 아이

친한 친구에게서 전화가 왔다. 육아 고충을 토로하기 위해서다. 준규보다 세 살 정도 어린 딸을 둔 친구다. 친구의 이야기는 밤마다 아이 잠을 재우려고 씨름하다보면 너무 지친다는 것이었다. 육아로 지친 하루를 빨리 마감하고 싶은 엄마의 바람과는 달리, 아이는 말똥말똥

아빠가 읽어주는 그림책 이야기에 푹 빠진 준규. 아빠가 책을 읽어주면 책 속 고양이도 살아 있는 것처럼 느끼는 아이(25개월)

한 눈으로 놀 생각만 하니 더 힘들다고 했다. 심지어 겨우 재우려고 침실에 들어가면, 그때부터는 책을 읽어달라며 괴롭힌다는 것이었다.

육아 몇 년 선배랍시고 친구에게 내가 생각하는 좋은 방법을 일러주었다. 우선 침실 환경을 바꿔보라고 제안했다. 방법은 생각보다 간단했다. 침실 안에 침구류, 아이가 최근 좋아하는 책들, 스탠드를 제외하고는 장난감이나 다른 물건들을 모두 치워보라는 것이었다. 밤마다 준규의 수면 육아에 고충을 겪을 무렵, 잠자리 독서에 관한 책을 읽으며 터득한 나만의 방법이었다.

아이들에게는 잠자리에 들기 전 잠자리 신호가 필요하다. 그래서 저녁 식사 후 정리를 마치고 여덟 시 이후에는 집에 있는 등을 다 끄고, 침실에 있는 노란색 전구 스탠드만 켜놓아 보라고 권했다. 그리고 아이가 왜 밤만 되면 잠을 안 자고 책을 읽어달라고 하는지 그 이유에 대해 이야기해주었다.

책과 사랑에 빠지면 독서가 습관이 된다

미하이 칙센트미하이의 책 《몰입의 즐거움》(해냄, 2007)에 이런 이야기가 나온다. 스키를 타고 산비탈을 질주할 때, 그 활강이 너무도 완벽하여 우리는 그것이 한없이 계속되기를 바라고 순간의 경험에 완전히 몰입한다. 스키가 아니더라도 본인이 좋아하는 합창, 프로그램 짜기, 춤이

나 카드놀이, 독서 등과 같은 활동을 넣어 생각해보라고 한다. 그 순간에 완전히 빠져드는 경험을 할 수 있다는 것이다.

이처럼 아이들은 수면과 같은 생리적인 욕구조차 잊은 채 책을 읽는 그 활동이 너무나도 완벽하여 그것이 한없이 계속되기를 바라는 것일지도 모른다. 아이들이 밤을 샐 태세로 책을 계속 읽어달라고 한다면 아이 스스로 그 순간에 흠뻑 빠지는 경험을 해보고자 하는 기회일 수도 있다. 부모 입장에서야 늦은 밤까지 계속 책을 읽어주어야 하는 수고로운 일이겠지만, 아이는 엄마 아빠의 따뜻한 목소리로 재미있는 이야기에 흠뻑 빠져들 수 있는 몰입을 경험하게 되는 것이다. 또한 그 시간은 책과 한층 더 가까워지는 계기가 될 것이다. 이것은 아이가 자라 궁금한 것이 생겼을 때 책을 통해 탐구하는 습성의 자양분이 될 수도 있다.

그런데 그 욕구가 좌절되어 책을 통해 몰입을 경험할 소중한 기회를 놓치게 될지도 모른다고 생각해보자. 일주일이 될 수도 한 달이 될 수도 있는 시간이지만, 아이는 이 시간을 통해 평생 책을 곁에 두고 책과 사랑에 빠지게 될지도 모른다. 밤만 되면 잠들기 싫어서 꼼수를 쓰듯 계속 책을 읽어달라는 아이, 어쩌면 무슨 이유가 있을지도 모른다는 그 생각만으로도 부모의 태도가 조금은 누그러질 수 있다. '아, 우리 아이도 평생 책을 곁에 둘 수 있는 몰입의 기회가 왔구나.' 하는 생각 말이다. 그렇게 한 권, 두 권 손에 잡히는 책을 읽어주다 보면 아이는 꾸벅꾸벅 졸기도 하고, 어느새 잠들어 있기도 할 것이다.

아빠가 읽어주는 추억의 잠자리 독서

어려서 부모와의 경험이 어쩌면 평생 독서 습관의 시초를 열어놓을 수도 있다. 짐 트렐리즈는 《아이의 두뇌를 깨우는 하루 15분 책읽어주기의 힘》(북라인, 2018)에서 아이가 책과 사랑에 빠지게 하여 학교를 졸업한 후에도 책을 즐겨 읽는 사람으로 길러내는 방법에 대해 구체적으로 이야기한다. 아이에게 책을 읽어주는 것이야말로 부모가 아이에게 줄 수 있는 최고의 선물이라는 것을 일깨워준다.

나는 이 책을 읽고 나서, 아이가 여덟 살 되던 해부터 아이 아빠에게 잠자리 독서를 부탁했다. 고맙게도 남편은 5년째 일주일에 두세 번, 책 속에 나오는 다양한 등장인물들에 맞춰 목소리를 바꿔가며 책을 읽어주고 있다. 그 많은 밤 아들과 아빠가 쌓았을 유대감과 공감은 읽기 능력을 넘어서 부자지간에 더없이 값진 시간이기도 하다.

초등학교 고학년 또는 중학생이 되어서 집중력 부족, 이해력 부족, 학습 부진으로 고생하는 아이들을 많이 본다. 그제야 부모들은 이리저리 방법을 찾아보고 학원을 알아보지만, 그때는 훨씬 더 많은 시간을 투자해야 그 부

아이의 연령과 관심사에 따라 가끔씩 책장 정리를 해주는 것이 좋다. 책장 정리 중 쌓아놓은 책 더미에 앉아 오랜만에 발견한 그림책에 흠뻑 빠진 준규(48개월)

족함을 메울 수 있다.

본인이 공부를 하고자 할 때 집중할 수 있는 힘, 이해할 수 있는 읽기 능력을 갖출 수 있도록 도와주는 것은 매우 중요하다. 자연스레 책이 친구가 되어 있는 아이들은 집중력, 이해력이 절대 뒤떨어지지 않는다. 그 능력이 결국 아이 학습 능력의 뿌리가 된다. 그렇게 오랜 시간 책을 통해 깊게 뻗어나간 뿌리는 그 어떤 학습 방법으로도 대체할 수 없다.

장난감을 사달라고 떼쓰는 아이

아이가 두세 살쯤 되었을 때 〈우리 아이가 달라졌어요〉라는 TV 프로그램을 통해 떼쓰는 아이에 대한 사례들을 본 적이 있다. 아이가 떼를 쓰는 경우, 부모의 양육 태도가 문제인 경우가 많다고 한다. 부모의 기준에 일관성이 없으면, 아이 입장에서 본인이 원하는 것을 관철시키기 위해 떼를 쓴다는 것이었다.

육아 전문가의 처방을 보며, 나도 아이를 혼란스럽게 하지 말아야겠다고 생각했었다. 그래서 미리 약속되거나 계획된

한가한 평일 낮 시간, 대형 마트 공룡 모형 코너에서 공룡 역할 놀이 중. 좌측 벨로키랍토르는 무리지어 다니는 습성이 있다며 여러 마리를 바닥에 내려놓고 노는 준규(42개월)

것이 아니면 100원짜리 장난감이라도 절대 사주지 않았다. 그렇게 했더니 준규는 생일, 어린이날, 크리스마스에 받는 선물을 제외하고는 뭔가 사달라고 떼쓰거나 고집을 부린 적이 없었다. 본인이 원하는 것을 얻으려면 칭찬 스티커를 모은다든지 사전의 계획이 있어야만 살 수 있다고 여겼다.

그런데 준규에게 그 절대적인 룰이 통하지 않았던 적이 한 번 있었다. 준규가 3~4살 무렵 한 백화점에 가게 되었다. 그곳에서 공룡 피규어들을 구경하던 준규가 평소와는 다르게 공룡 하나를 집어 들고는 갑자기 사달라고 떼를 쓰는 것이었다. 준규는 그 공룡을 꼭 사야 한다며 고집을 피우기 시작했고, 결국 아이 손에서 강제로 공룡을 빼앗고 집으로 돌아왔다.

그 당시 아이 머릿속은 온통 공룡으로 가득 차 있었다. 하지만 그 많은 공룡 피규어들을 다 사줄 수는 없으니 주로 평일 오전 시간을 이용해 서점이나 대형마트에 데려가 진열된 공룡들을 실컷 가지고 놀 수 있도록 해주곤 했다. 진열장 밑으로 온갖 공룡들을 내려놓고 공룡놀이를 한 시간씩 하고도 사달라는 말 한마디 없이, 다 놀았다며 제자리에 올려놓고 집에 가자던 아이였다. 파워레인저, 트랜스포머에 빠져 있을 때조차도 가면과 온갖 칼들이 놓인 진열장 앞에서 포즈만 바꿔가며 상상 속에서 아이템들을 장착하고 놀던 아이였다. 그런데, 평소와 다르게 공룡 하나를 손에 쥐고 사달라는 아이를 보며 나는 적잖이 당황스러웠다. 그 당시만 해도 왜 그러는지 물어볼 생각을 하지 못했다.

떼쓰는 이유가 있다, 아이의 마음을 들어보자

처음에는 차에 타자마자 아이에게 왜 고집을 피우고 떼를 썼느냐고 채근하며 혼을 냈다. 그러고는 40분쯤 후 집 주차장에 주차를 하고 아이에게 조금 누그러진 목소리로 물었다. 그동안 뭘 사달라고 떼를 쓴 적이 없는데, 오늘은 왜 그랬던 거냐

다른 장난감 가게에서는 판매하는 것을 본 적이 없다며 사달라고 떼를 썼던 노트로니쿠스가 준규 방 선반 위에 여전히 진열되어 있다. 가운데 있는 발가락이 긴 공룡이 그것이다.

고 물었다. 그런데 아이의 대답을 듣는 순간 너무 미안해지고 말았다.

"엄마, 노트로니쿠스를 책에서 말고 처음 봤어요. 티라노사우루스, 브라키오사우루스 같은 공룡은 우리가 자주 가던 곳에서도 팔아요. 그런데 노트로니쿠스는 아무데서나 살 수 없어서, 보는 순간 너무 사고 싶었어요. 잘못했어요."

울음을 삼키며 말을 하는 아이를 보며 순간 너무 미안한 마음이 들었다. 내가 만든 기준에 어긋난다고 왜 그러는지 차분히 물어볼 생각조차 하지 못했던 내 자신이 너무 부끄러웠다. 준규에게, 그랬던 거냐며 미안하다고 사과를 했다. 엄마는 그런 줄 모르고 갑자기 네가 떼를 쓰니까 당황해서 화가 났었다고 말했다. 그날 밤 그날의 일을 돌이켜볼수록 후회가 되었다. 결국 다음 날 아이의 손을 잡고 다시 찾은 백화점에서 산

공룡은 아직도 준규 방에 고이 모셔져 있다.

때로는 아이와 공감해주는 것만으로도 감정이 해소된다

아이를 키우다 보면, 아이의 진짜 마음을 알게 되고 후회하는 순간들이 있다. 아이들의 모든 행동에는 그만한 이유가 있기 마련이다. 그렇다고 해서 모든 행동을 다 허용해줄 수는 없다. 하지만 적어도 아이가 예상치 못한 행동들을 했을 때 일단 그 마음을 공감해주는 것만으로도 해소되는 순간들이 참 많다.

아이들은 부모가 정해놓은 가이드라인에 따라 안정감을 갖는다. 부모로부터 받은 경험을 통해 해야 할 일과 하지 말아야 할 일을 구분하는 법을 조금씩 배우며 자란다. 아이가 마트에서 장난감을 사달라고 떼를 쓴다면, 부모의 태도가 이랬다저랬다 하지는 않았는지 한번 생각해보았으면 한다. 아이들 스스로 그 상황에 대해 어떠한 기준을 찾을 수가 없을 때 아이들은 본인이 원하는 것을 얻기 위해 떼를 쓴다. 그리고 어른들과 마찬가지로 아이들도 가끔은 기분을 내고 싶을 때도 있고, 꼭 사야하는 한정판 제품이 있을 수도 있는 법이다.

역시나 육아의 가장 기본은 어른의 눈높이를 아이의 눈높이에 맞추는 것이라는 것을 또 배운 일이었다. 아이들은 어른을 화나게 하려고 괜한 행동을 하지는 않는다. 아이들의 행동 너머엔 다 그럴 만한 이유가 있다.

왜 자꾸 같은 이야기를
해달라고 할까?

엄마, 한 번만 더 이야기해주세요

준규: 엄마, 한 번 더요.

엄마: 또? 음, 벌써 다섯 번째인데······.

(하는 수 없이 다시 이야기 시작) 깜깜하고 조용한 어느 날 밤······, 갑자기 밖에서
천둥소리 같은 '우당탕탕' 하는 굉음이 들리는 거야. 무슨 일이 벌어진 거지?
호랑이가 온 건가? 집이 무너졌나? 하면서 밖으로 나가보았어. 소리가 나는
곳은 베란다였어. 살금살금 베란다를 향해 나가는데 글쎄, 세탁기가 혼자서
움직이고 있는 거야! 마치 걸어 다니기라도 하는 것처럼 말이야. '덜덜덜덜'
소리를 내면서······.

몇 주 전 세탁기 발받침이 빠지며 일어났던 소동을 30개월 준규 눈높이에 맞춰 의성어, 의태어를 넣고 극적으로 각색한 미스터리 이야기로 들려주었다. 자기 전에 잠깐씩 들려주던 옛날이야기도 밑천이 다 떨어진 참이라, 지나가는 이야기로 잠깐 해준 것이 이렇게 고행의 길이 될 줄은 전혀 몰랐다.

처음 이야기를 해주던 날도 한 번 더해 달라고 조르는 아이 때문에 여러 차례 이야기를 되풀이해야만 했다. 하지만 하루로 끝날 줄 알았던 일이 몇 주째 지속되고 있었다. 연속해서 열 번 넘게 이야기를 하다보면 지쳐서 화가 나기도 하고, 속이 울렁거리기까지 했다. 천진난만한 표정으로 반복 재생을 원하는 아이 탓에 나중에는 너무 지쳐 이야기를 짧게 끝내보기도 하고, 다른 이야기를 막 엉터리로 보태기도 했다.

남편이라고 다르지 않았다. 회사에서 업무 차 방문했던 공사 현장에서 엘리베이터가 고장 나 몇 시간을 갇혀 있었다는 이야기를 벌써 며칠째 반복하고 있었다. 하지만 아이는 늘 계속 같은 이야기를 한 번만 더 해달라고 요구했다.

너도 재밌는 이야기를 들려주고 싶었구나

그러던 어느 날 저녁이었다. 내 무릎에 앉아 있던 준규가 갑자기 재미있는 이야기를 해주겠다고 했다. 두 돌이 조금 넘었을 때라 겨우 문장을

완성하며 말하던 즈음이
었고, 발음도 부모라야 알
아들을 수 있을 정도였다.
그런데 아이는 턱받이 수
건이 침으로 흥건히 젖도
록 온갖 수식어들을 보태
가며 열정적으로 이야기

무한 반복해서 들려달라던 이야기를 준규만의 이야기로 각색해서
한 시간째 엄마에게 들려주는 중(30개월)

를 시작했다. 가만히 들어보니 얼마 전까지 무한 반복을 해달라던 그 미
스터리 이야기의 각색 버전이었다. 이야기는 한 시간이 넘도록 살이 덧
붙여지며 계속되었다.

그제야 남편과 나는 무릎을 탁 쳤다. '아, 그거였구나. 너도 엄마 아빠
에게 재미있는 이야기를 들려주고 싶었던 거구나.' 여느 초보 부모가 그
렇듯 우리 부부도 아이가 그렇게 반복해서 같은 이야기를 들려달라고
하는 이유를 전혀 눈치채지 못했다. 때론 얘가 나를 화나게 하려고 그러
나 하는 마음이 들기까지 했다. 하지만 아이는 스스로 그 이야기를 우리
에게 해주고 싶었던 것이다. 무한 재생되는 이야기를 들으며 스스로 학
습을 하고자 함이었던 것이다.

그렇게 아이는 한 시간이 넘도록 자신이 들었던 이야기에 책으로 보
았던 다른 이야기들을 보태서 끊임없이 이야기를 꾸려나갔다. 그때 신
기해하며 찍었던 영상은 아직도 남편 휴대폰에 기분 전환용 동영상으로
저장되어 있다. 그 이후, 우리 부부는 아이가 무한 반복을 요구할 때 무

조건 모른 척 외면하기가 더욱 힘들어졌던 경험이 있다. 그래도 다행이었던 건 그때만큼 무한 반복을 요구하지는 않았던 것이다.

육아를 하다 보면, 반복되는 일상에 심신이 지치는 순간이 시시때때로 찾아온다. 이렇게 힘들 때 가끔, 이 시간 너머에 찾아올 마법을 기대해보는 것도 방법이다. 어쩌면 내가 미처 알아채지 못한, 아이만의 어마어마한 숨은 계획이 있을지도 모른다.

외출할 땐
스마트폰 대신 물고기 가방을

영유아 스마트 기기 중독은 부모 탓?

　육아정책연구소의 〈영유아 스마트폰 노출 실태 및 보호 대책〉에 따르면 2013년 기준으로 영유아 스마트폰 이용률이 53.1%에 달하고, 최초 이용 시기가 2.27세라고 한다. 전문가들은 "스마트폰을 오래 사용하게 되면 뇌의 성장이 고루 발달해야 하는 영유아 시기에 시각적인 부분만 치우쳐 발달하게 될 우려가 있다."고 경고하고 있다. "특히 사람과 면대면 상호작용이 아닌 스마트폰과 일방향적 소통을 하게 되어 영유아의 사회성 및 정서 발달에 심각한 장애를 일으켜 주의력 결핍 등으로 이어질 수 있다."고 경고한다.

　또한 알다 T. 울스의 책 《아이와 싸우지 않는 디지털 습관 적기 교육》

(코리아닷컴, 2016)을 보면 돌도 안 된 아기가 비디오를 보고 배울 수 있는지에 대한 연구 결과를 소개하는데, "돌 이전의 아기는 살아 있는 사람의 얼굴을 보고 음성을 들어야 하는 만큼 타인과 최대한 상호작용하도록 하는 것이 무척 중요하다. 학습의 관점에서 보면 3세 미만의 아이에게는 절대적으로 현실 세계가 스크린보다 더 낫다. 따라서 비디오를 보는 시간을 제한해야 한다."라고 경고한다.

사실 영유아의 스마트 기기 중독 원인은 부모에게 있다. 울거나 떼쓰는 아이를 달래거나, 부모가 편히 시간을 보내기 위해서 스마트폰을 건네주는 경우가 많다. 어린이뿐 아니라 부모 또한 아이와 말하는 시간보다 스마트폰 보는 것을 선호한다는 설문 조사 결과도 있다.

얼마 전 영국의 한 레스토랑에서는 '노 폰 존(No Phone Zone)' 이벤트를 열어, 입장 시 스마트 기기를 카운터에 맡기면 자녀에게 무료 식사를 제공했다고 한다. 내가 어렸을 적에는 부모님과 함께 외식을 하는 경우가 그렇게 많지 않았다. 1년에 한두 번 겨우 손에 꼽을 정도였다. 하지만 요즘은 아이를 데리고 외식하는 게 참 흔한 일이다. 더 흔한 풍경은 식당이나 카페에서 영유아들이 손에 스마트폰을 들고 있는 모습이다. 실내에서 뛰어다니거나 말썽을 부리는 아이를 얌전히 앉혀 두기에 가장 쉬운 방법이기 때문이다. 아이들이 무엇에 홀린 듯 스마트폰에 빠져 있는 동안, 부모들은 잠시라도 앉아서 식사를 할 수 있게 된다.

사실 이 방법은 부모에게 가장 편하고 쉬운 방법이라 그 유혹을 떨치기 쉽지 않다. 에너지 넘치고, 호기심 가득한 어린아이를 일일이 따라

다니는 것은 힘들 뿐 아니라, 주변 사람들의 눈치도 만만치 않기 때문이다. 어떤 식당에서는 아이들이 간단히 그림 그릴 수 있는 도구들을 주기도 하지만, 그런 곳은 생각보다 많지 않다. 오히려 반대로 어린이 출입 금지 식당(NO Kids Zone)이 늘고 있는 추세이다.

준규의 외출 준비 — 물고기 가방과 색종이, 책, 장난감

에너지 넘치고 호기심 많은 어린 준규를 데리고 외식을 하는 것은 쉽지 않았다. 일단 준규는 낯선 곳에 가면 몸으로 부딪치며 하나하나 탐색하고 살펴야 하는 아이였다. 초고속으로 본인의 배를 채우고 나면 그때부터 거침없이 식당 안팎을 돌아다녔다. 어쩔 수 없이 식당에 가는 것 자체를 자제하려고 노력하는 편이었다. 어쩌다 외식을 하게 될 경우, 남편과 번갈아가며 아이를 식당 밖에서 돌봐야 했다. 돌아다닐 여건이 안되는 곳에서는 작은 목소리로 책을 읽어주거나 종이를 접으며 놀아주었다. 그 경험이 하루하루 쌓이다 보니 나중에는 외출용 고정 준비물이 생기기 시작했다.

외출할 때마다 무지개 물고기가 예쁘게 그려진 가방에 준규 물건들을 담게 했다. 그 가방은 언제부턴가 물고기 가방으로 불리며 준규의 외출용 가방이 되었다. 외식이나 결혼식 같은 행사, 그리고 여행을 갈 때도 그 가방을 항상 들고 나갔다. 그 가방 안에는 색종이, 풀, 가위, 작은 장난감, 동화책, 색연필, 수첩 등 아이가 시간을 보낼 수 있는 것들이 들어 있었다. 그 가방은 준규를 식당 의자에 오랜 시간 앉아 있을 수 있도록 도와주었다.

파주 출판단지에서 책을 사고 사은품으로 받은 물고기 가방

물고기 가방 속에는 아이의 지루함을 달랠 준비물들이 가득하다.

나 편하자고 아이에게 스마트폰을 주지 말자

아이가 태어나고 나 스스로 한 다짐이 있었다. 아이가 어렸을 때, 나 편하자고 절대 아이에게 스마트폰을 쥐어주지는 말자는 것이었다. 초등학교에 들어가고 타인을 통해 접하는 것은 어쩔 수 없다지만, 그 전에는 부모의 노력으로 충분히 스마트폰에 노출되지 않도록 할 수 있다고 생각했다. 한 번 허락한 것은 언제든 가능하다는 신호를 아이에게 주는 것이다. 처음에야 잠깐인데 뭐 어때, 한 번쯤이야 괜찮겠지 하는 마음으로 가볍게 스마트폰을 건넬 것이다. 하지만 아이들에게는 아직 자제력이 없기 때문에 그 한 번이 반복으로 이어지기 쉽다.

아이 앞에서 되도록 통화도 간단히 하고, 급한 일이 아니라면 휴대폰 사용은 최대한 자제하려고 노력했다. 내가 계속 휴대폰을 보고 있으면 아이도 따라하고 싶을 것이라 생각했다. 내 휴대폰으로 게임을 한 적이 없기 때문에 엄마 휴대

늘 에너지가 넘치지만 그림을 그리거나 동화책을 볼 때 자리에 얌전히 앉아 있는 준규(만 7세)

폰은 게임이 안 된다고 말하니 아이도 믿는 눈치였다.

그렇게 오랜 노력 끝에 준규는 여전히 외출을 할 때면, 손에 책 한 권이나 색종이 몇 장을 챙겨 나간다. 성격 급한 준규는 지금도 식당에서 음식이 나오기 전, 지루할 때면 책을 보거나 종이접기를 한다. 물론 친구들이 게임하는 것을 옆에서 구경하거나, 한번 시켜달라고 애원하는 것까지 막을 수는 없다. 언젠가는 게임에 빠져서 헤어나지 못하는 시간이 생길 수도 있을 것이다. 하지만 스마트폰 없이도 얼마든지 즐거운 시간을 보낼 수 있다는 것을 경험하게 해주는 것이 부모의 역할이 아닐까?

놀이의 힘,
창의력이 쑥쑥!

어떻게 놀아야 잘 놀까?

나는 아이가 어렸을 때 가장 중요한 것은 '어떻게 공부하는가.'보다는 '어떻게 노는가.'라고 생각한다. 어른들이 얼핏 보기에 비생산적이고, 시간 낭비로 보일 수 있는 놀이를 통해 아이들은 인지 발달, 운동성 발달, 언어 발달 그리고 사회성 발달을 경험한다.

아이들은 놀이를 통해 소통 능력과 협업 능력을 경험하고 키워나갈 수 있다. 또한 다양한 기능 놀이들을 통해 소근육, 대근육 조작을 경험하고 인지력 및 운동성을 발달시키기도 한다. 구성놀이나 상상놀이를 통해 상상력을 키우고 창의력을 키울 수도 있다.

뭘 하고 놀지, 뭘 만들며 놀지, 뭘 그릴지를 고민하고 실행하는 과정

마당에 나팔꽃 씨앗을 심고 각종 사물로 울타리를 만들어
그 씨앗을 보호하는 중(만 5세)

산에서 놀다 발견한 나뭇가지를 보고는 활이 떠올라 바로
끈을 추가해 만든 활과 화살(만 5세)

을 통해 사고의 확장이 이루어진다. 무료함을 달래기 위해, 때로는 더
재미있게 놀기 위해 아이들의 머릿속은 늘 반짝인다.

준규를 보며 가장 부러운 점은 그 아이만의 괴짜 같고 기상천외한 엉
뚱함, 그리고 신선한 사고에서 비롯되는 무궁무진한 아이디어들이다.
그런데 이 준규만의 사고는 놀이에서부터 비롯되었다고 생각한다. 아이
눈앞에 굴러다니는 털실 한 타래, 호주머니에 들어 있는 나뭇가지나 돌
멩이, 동화책에서 재미있게 읽었던 페이지, 배꼽 빠지게 웃었던 영화의
한 장면들이 머리를 스치며 순식간에 놀이를 위한 생각의 재조합과 탄
생의 과정을 거친다.

어른의 시선으로 보면 아이들은 아무 쓸모도 없는 것들을 만드느라 시
간과 에너지를 쓴다. 과학 체험관 같은 데 가보면 땀나도록 물 펌프질하
는 아이들을 어렵지 않게 볼 수 있다. 아이들에게 펌프질은 그저 놀이일
뿐이고, 신나게 놀면서 무의식적으로 펌프의 원리를 체득하게 되는 것이

다. 학습이 아니라고 홀대할 수 있는 아이들의 놀이 속 숨은 가치를 안다면 아이들의 놀이를 단순한 시간 낭비라고 생각하지는 못할 것이다.

준규가 가장 좋아하는 놀이는 종이접기

준규의 종이접기 역사는 참으로 오래된 것 같다. 네다섯 살 때 종이접기가 소근육 조작에 좋다는 말을 듣고 여느 엄마들처럼 종이접기 책 한 권을 사주며 시작되었다. 그때를 시작으로 준규는 8년이 넘도록 종이접기에 빠져 있다.

처음에는 여느 아이들처럼 네모난 종이가 토끼로도 변하고, 개구리로도 변하니 신기해하며 심심할 때 나와 함께 접곤 했었다. 가끔 서점에 가면 종이접기 책들을 구경하며, 공룡에 빠져 있을 때는 공룡 접기 책을, 자동차에 빠져 있을 땐 레이싱카 접기 책을 샀다. 그렇게 아이는 종이접기에 대한 흥미를 이어나갔다.

평소에 외식을 하거나 심심해할 때 절대 스마트폰을 아이에게 주지 말자는 것이 내 원칙이었고, 집에 텔레비전조차 없다 보니 아이는 자연스레 지루한 시간을 독서나 종이접기를 하며 보내곤 했다. 심심한 시간이 많았던 것이 어쩌면 이 아이가 종이접기를 좋아하게 된 이유 중 하나일 수도 있겠다. 어느새 습관이 되었는지 집에서뿐만 아니라 길거리에서도 그리고 식당에서 음식을 기다리면서도 종이 한 장을 얻어 종이접기를 하곤 했다.

준규가 로봇에 한참 빠져 있던 즈음, 우연히 서점에서 후지모토 무네지의 《오리로보》(봄봄스쿨, 2016) 책을 발견하게 되었다. 재앙의 시작이었다. 한 시간이 꼬박 걸리도록 로봇 하나를 접어보려고 애썼지만 준규와 나 둘 다 도저히 완성할 수가 없었다. 결국 나는 더 못 접겠다고 항복하고 말았다. 하지만 준규는 그날 이후 그 책을 붙잡고 꽤 오래도록 씨름을 했다. 50분 가까이 기본 선을 내며 접은 종이가 한 고비를 넘지 못하고 계속 망가져서 쓰레기가 되자 속이 상해서 화를 내기도 하고 울기도 했다.

나중에는 너무 화를 내며 접고 있기에 몰래 책을 감춰놓기도 했었다. 그러고는 준규가 도전할 만한 조금은 쉬운 난이도의 책을 사서 주기도 했다. 그 책으로 한동안 종이접기를 이어가던 아이는 자신감을 얻고《오

공룡에 빠진 준규는 새로 산 공룡 종이접기 책을 보며 내내 공룡만 접고 있다.(만 6세)

성격이 급해 기다리는 것을 너무 힘들어하는 준규는 주로 식당에서 음식을 기다릴 때 종이접기를 하곤 한다.(만 7세)

너무 어려워서 표지와 책장이 너덜너덜해지도록 준규가 애쓰며 따라 접었던《오리로보》책

리로보》책의 종이접기에 다시 도전하는 모습을 보여주었다. 준규는 그 책이 너덜너덜해지도록 접고 또 접었다. 한참이 지난 어느 날, 준규는 그 책 속의 로봇을 너무나 능숙하게 접고 있었다.

준규가 종이접기를 꾸준히 할 수 있었던 이유

이 시기에 종이접기를 더 잘할 수 있게 도와주겠다며 아이를 종이접기 학원에 보냈더라면 어떻게 되었을까? 얼마 전 준규에게서 이 질문에 대한 답을 들을 수 있었다. 학원에 갔더라면 '굳이 종이접기를 배워야 하나?'라고 느꼈을 것 같다고 했다. 그러면서 그저 종이접기가 재미있었고, 누군가 시킨 게 아니기 때문에 오랜 시간 동안 계속할 수 있었던 것 같다고. 어쩌면 아이가 종이접기를 취미로 그리고 놀이로 지속해올 수

면봉을 눈처럼 끼워 장식한 종이접기 꽃게를 보여주는 준규(만 4세)

그동안 접었던 공룡과 동물들을 한자리에 모아놓고 노는 중(만 5세)

있었던 것은 천천히 가다 쉬다를 반복할 수 있도록 놔둔 것이 비결이었을지도 모른다. 다만, 그 과정에서 고비가 있을 때마다 다양한 방법으로 팁을 준 것이 준규가 종이접기를 지속하는 데 도움이 되었던 것 같다.

다음은 내가 준규에게 어떻게 도움을 주었는지 그 팁들을 정리한 것이다. 만약 아이가 종이접기에 흥미가 있거나 혹은 아이가 종이접기를 꾸준히 했으면 하는 분들이 있다면, 이 팁들을 활용하여 아이에게 새로운 취미를 만들어줄 수 있을 것이다.

1 | 난이도 조절

보통 학습을 하거나 무언가를 습득할 때 지나치게 어려운 과제가 주어지면 초반에 그냥 포기해버리는 경우가 많다. 예를 들어 책을 좋아하지만 한글을 더듬더듬 읽는 일곱 살짜리 아이에게 중고생이나 읽을 법한 소설을 주고 읽으라고 했다고 생각해보자. 아이는 바로 책을 덮어버리거나 그림 정도만 볼 것이다. 하지만 아이에게 한 줄 정도의 문장과 페이지를 가득 채운 그림으로 모든 것을 이해할 수 있는 그림책을 준다면 아마 한글 읽기를 시도할지도 모른다. 준규의 종이접기도 마찬가지였다. 준규가 수행하기에 너무 어렵다 싶을 때는 난이도를 조금 낮추어 책을 다시 선택하기도 하고, 종이접기를 완성하지 못해 속상해할 때는 해내고 싶은 마음을 읽어주고 함께 접어보며 도와주기도 했다.

2 | 영역의 확장

그저 실컷 접을 수 있도록 내버려두고 가끔 도움을 필요로 할 때 관심을 주며 쉬엄쉬엄 이어간 지 5~6년쯤 넘어가자 이제 서점에서 구할 수 있는 책으로는 아이의 관심사를 채우기에 부족했다. 뭔가 종이접기에 시들해져간다는 느낌이 들었다. 도전할 만한 것들을 찾다가 우연히 유튜브에 대한 정보를 알게 되었고 다양한 오리가미 작품들이 온라인상에 넘쳐나는 것을 보며 아이는 탄성을 질렀다. '페이퍼 빌드'라는 유튜버의 건담 접기에 빠져 그동안 준규가 해오던 한 장 종이접기와는 다른 유닛을 이용한 오리가미에 빠지기도 했다. 보통 건담 한 작품(보통 높이 30cm 정도 사이즈)을 완성하려면 A4 종이 100장 이상이 들어가고 일주일을 꼬박 만들어야 하기도 했다.

이렇게 아이가 종이접기에 관심이 식을 때면 다시 흥미를 갖게 하기 위해 새로운 영역의 종이접기를 소개해주고는 했다.

3 | 종이에 대한 관심 유도

종이접기에 들어가는 비용은 다른 취미에 비해 저렴하다. 준비해야 할 거라고는 종이면 충분하기 때문이다. 처음에 아이는 대형 색종이 (25cm×25cm, 30cm×30cm 사이즈)를 구해달라거나 종이접기 책에 부록으로 붙어 있는 종이를 컬러복사 해달라는 정도의 요구를 했다.

시간이 지나면서 아이는 두께까지 체크하며 종이에 대한 탐색을 시작했다. 전주처럼 종이가 유명한 지역에 여행 갔을 때는 종이 판매하는 곳에 일부러 들러 한지를 살펴보고 구매해보기도 했다. 다양한 종이가 있는 곳을 알았다며 대규모 다이소 매장에 데려가 달라고 한 적도 있다. 매장 몇 군데를 돌며 새로운 종이를 사서 접어보았지만, 온라인에서 본 일본 작가들이 사용한 종이는 찾을 수가 없었다.

그러던 중 을지로에 있는 '인더페이퍼'라는 종이 전문 백화점을 알게 되었다. 그곳을 방문한 첫날, 아이는 온갖 종류의 종이들을 보고 흥분하여 하루 종일 그곳을 떠나지 못했다. 그렇게 새로운 종이를 사온 날이면 짧게는 4~5시간을, 길게는 일주일씩 온종일 종이접기만 했다.

멋진 작품을 생각하며 종이를 접고 있는 아이에게 차마 오늘 할 일을 다 했냐, 수학 공부는 다했냐는 질문을 할 수 없었다. 그저 "이 종이는 뭐야?", "이 곤충은 저 종이로 접어서 더 윤기가 나고 진짜 곤충 같아 보이네." 정도의 반응을 보여주는 것으로 충분했다.

아이의 취미가 꾸준할 수 있었던 것에는 종이접기 영역을 확장해주었

건담 하나를 만들기 위해 100장 정도를 접어야 한다며, 필요한 유닛 100장 정도로 완성된 건담
유닛을 밤 늦도록 접고 있는 준규

던 것이 많은 도움이 되었지만, 종이로 관심을 유도한 것도 큰 도움이 되었다. 같은 종이접기도 어떤 종이로 접느냐에 따라 느낌이 달라지기 때문이다. 앞서 말한 곤충도 일반 색종이로 접었을 때보다 윤기가 나는 종이로 접으니 실제 곤충과 더 비슷한 느낌이 들었다. 아이도 이런 재미를 느꼈기 때문에 꾸준히 종이접기를 할 수 있었던 것이 아니었을까 생각한다.

4 | 새로운 동기 부여

종이접기 협회마다 어린이나 성인을 대상으로 한 종이접기 자격증이라는 것이 있다. 각 급수에 해당하는 책을 구매해 요구하는 종이접기를 붙여서 협회에 보내면 자격증이 발급되는 형식이었다. 나는 준규가 이 자격증을 취득하는 과정을 통해 종이접기에 더 재미를 붙일까 하여 권해보았다.

어린이에게 발급되는 가장 어려운 난이도가 1급 자격증이었는데, 준규에게는 이미 너무나 쉬운 종이접기였다. 3급 책을 채우고, 2급 책을 채우며 자격증을 받았지만 그 과정이 너무 번거로워 준규는 자격증에 큰 흥미를 느끼지 못했다.

한번은 페이스북을 통해 준규의 종이접기 사랑이 듬뿍 담긴 사진과 사연을 적어 아이가 가장 좋아하는 일본의 오리가미 작가 후지모토 무네지에게 친구 요청을 보냈다. 후지모토 무네지는 앞에 이야기한 책《오리로보》의 저자이기도 하다. 얼마 뒤 답 메시지가 왔고 그 이후로 그의 소식을 접할 수 있었다.

그러던 어느 날 작가의 SNS를 통해 크리스마스 한정판 오리로보 소식을 듣게 되었다. 아이는 한정판 오리로보를 한국에서도 구매할 수 있는지 물었고, 그 오리로보는 판매용이 아니라 일본에서 그의 수업을 듣는 꼬마 친구들을 위한 크리스마스 선물로 마련된 것이라는 답변을 듣게 되었다. 준규가 너무 아쉬워하자 그는 한국에 있는 꼬마 팬을 위해 우리 집 주소를 물었고, 준규는 그해 겨울 특별한 크리스마스 선물을 받을 수 있었다.

아이는 일본에서 온 작은 상자에 들어 있던 크리스마스 오리로보를 받아 들고 너무나 행복해했다. 그날 저녁, 준규는 정성스럽게 크리스마스 카드를 만들고 직접 만든 오리로보를 붙여 그에게 답장을 보냈다. 며칠 후 그의 SNS에는 한국에서 날아온 크리스마스 카드에 대한 인사를

SNS로 후지모토 무네지에게 보냈던 준규의 종이접기 작품 더미 사진(만 7세)

일본에서 후지모토 무네지가 손수 보내준 크리스마스 한정판 오리로보 선물

후지모토 무네지의 선물을 받고는 그의 대표작을 접어 장식해 만든 크리스마스 카드(만 10세)

전하는 포스팅이 올라오기도 했다. 준규에게 그 경험은 무엇보다 큰 선물이자 종이접기를 계속 사랑할 수 있는 동기 부여가 되기도 했다.

아마도 준규에게 종이접기는 학습이 아닌 그저 놀이 활동의 하나였던 것 같다. 꼭 잘하지 않아도 되는 그저 재미있게 즐길 수 있는 놀이 말이다. 머릿속으로 무언가 상상하는 것을 좋아하는 아이에게 종이접기는 하나의 표출 도구였던 셈이다. 마치 그림 그리기처럼 말이다.

무언가를 만들고 완성하면서 성취감을 맛보는 그 과정에서 아이는 몰입을 경험하게 되었다. 종이접기는 놀이이자 취미로 즐길 수 있지만 최소한의 '시동에너지*'가 필요한 활동이기도 하다.

또한 《장인의 공부》(유유, 2018)의 작가 피터 콘은 무언가를 만드는 일에 대해 다음과 같이 말했다. "많은 사람이 DIY, 공예, 예술 등 직접 참여하고 만드는 작업에 매료되는 데에는 이유가 있다. 만들기는 몰입에 필요한 거의 모든 요소를 제공하는 활동이기 때문이다. 의식하지 못하더라도 우리는 이미 만들기와 몰입이 깊이 연결되어 있다는 사실을 느끼고 있는지도 모른다."

★　　몰입할 수 있는 활동은 하나같이 처음에 어느 정도 집중력을 쏟아부어야 그 다음부터 재미를 느낄 수 있는 것이다. 복잡한 활동을 즐기려면 그런 시동 에너지를 어느 정도 확보하고 있어야 한다. 너무 피곤하거나 너무 불안하거나 혹은 처음의 그런 장벽을 극복할 수 있는 인내심이 부족한 사람은, 재미는 덜하더라도 더 편하게 택할 수 있는 대상으로 만족할 것이다. 미하이 칙센트미하이 《몰입의 즐거움》(해냄, 2007)

심심해야 놀 줄 안다!
— 준규의 아홉 가지 놀이법

　내가 아이에게 스마트폰을 주지 않겠다는 다짐을 한 것은 스마트 기기 중독이 아이에게 미칠 부정적인 영향을 고려한 것이기도 했지만 아이에게 심심할 시간을 만들어주기 위한 것이기도 했다. 텔레비전도 스마트폰도 없는 환경에서 아이는 온전히 자기에게 던져진 심심함을 견뎌야 했고 그것이 각종 놀이로 이어졌다.

　그 당시 모든 것을 다 이해했던 것은 아니지만 준규가 재미있게 놀았던 놀이들을 소개한다.

1 | 신문지 놀이

　일상에서 손쉽게 구할 수 있는 신문지야말로 최고의 놀이 재료이다. 신문지를 말거나 접어서 칼, 방패, 도끼, 갑옷 등을 만들 수도 있고 돌돌 말아 봉을 만들어 기본 모듈로 다양한 구조체를 세우는 상상력을 발휘할 수도 있다.

아빠가 접어준 신문지 모자와 망토로 신난 준규. 구겨지고 찢어져도 부담 없어서 좋은 아이템(9개월)

신문지로 손수 투구와 검, 갑옷을 만들어 중세시대 기사로 변신한 준규(만 4세)

신문지 봉을 돌돌 말아 단단해진 종이로 뼈대를 세워 성을 만드는 중(만 9세)

2 | 나뭇가지로 놀기

자연에서 얻을 수 있는 나뭇가지나 돌멩이 그리고 모래 등은 그 자체

삼청공원에서 놀다가, 나뭇가지를 모아 숲속 동물들을 위한 아지트를 만들겠다는 준규(만 5세)

휴가로 간 삼림욕장에서 나뭇가지를 주워 백조를 위한 보금자리 만들겠다는 준규. 사이즈를 확인하기 위해 본인이 들어가 보는 중(만 7세)

로 훌륭한 놀이 재료이다. 나뭇가지는 마법 지팡이도 되었다가 활이 되기도 하고, 자신만의 아지트를 만드는 재료가 되는 등 다양한 상상 놀이를 가능하게 한다.

3 | 모래 놀이

모래놀이는 따로 놀이라고 소개할 필요조차 없기는 하다. 하지만 심리 치료의 도구로 쓰일 만큼 아이들에게 너무나 좋은 놀이 재료이다.

모래 바닥은 지구만 한 스케치북. 어디서나 쉽게 그리고 지울 수 있다.(27개월)

수도꼭지와 수로가 있어 환상적이었던 영국의 어느 모래 놀이터(만 7세)

본인이 들어갈 만큼 땅을 파보자는 준규의 제안에 깊은 구덩이를 파고 준규를 모래 속에 가두는 놀이 중(만 10세)

4 | 털실 놀이

하루는 아이를 보다 깜빡 낮잠이 들었는데 눈을 떠보니 누워 있던 내 위로 어마어마한 거미줄이 쳐 있었다. 나무젓가락, 빨대, 털실, 노끈, 점토, 신문지, 박스는 아이들 놀이에서 빠질 수 없는 재료들이다. 점, 선, 면을 이루는 기본 단위의 재료는 확장 가능성이 무궁무진하다. 기본 모듈을 잇고, 붙이는 과정에서 아이의 상상력과 창의력이 더해져 다양한 형태로 재탄생한다.

실타래를 주었더니 거미줄을 만들며 노는 준규(만 6세)   거미줄이 완성되자 거미줄에 이것저것 매달며 놀기(만 6세)

5 | 고무줄 커튼

아이들은 아늑하고 은밀한 자신만의 아지트를 좋아한다. 준규도 다양한 방법으로 자신만의 공간을 만들어나갔다. 나무젓가락으로 고무줄 총을 만들고 남았던 고무줄 한 봉지를 시작으로, 겨울 내내 준규는 고무줄 커튼을 만들어서 방에 달았다. 방에 들어갈 때마다 머리에 쩍쩍 붙고, 지나가려고 커튼을 젖힐 때마다 꼬여버려서 푸느라 고생해야 했지만 시간 때우기, 가성비와 몰입도 면에서는 최고의 놀이였다.

고무줄을 U자 형태로 서로 엮어 길게 만드는 중(만 7세)

고무줄 커튼을 만들어 자기만의 영역을 확보한 준규(만 7세)

침대 아래에 종이로 만든 장식품, 고무줄 커튼 등으로 자기만의 공간을 장식해놓은 모습(만 7세)

6 | 카프라 쌓기

카프라[*]는 블록과 비슷하다. 연령이 낮을 때는 주로 큐브 형태의 블

기본 블록으로 어떤 형태로든 만들 수 있다. 등대로 가는 길을 만드는 중(만 5세)

쉽게 무너지지 않게 하려고 카프라를 견고하게 쌓아올렸다는 무적 함대(만 11세)

★ 직사각형의 원목 블록을 조립하여 다양한 구조물을 만들 수 있는 창의력 교구 중 하나이다.

록 쌓기를 하며 신체 협응력을 키우기도 하고, 쌓고 무너지는 과정을 통해 다양한 감정을 경험하기도 한다. 기본 블록을 통해 여러 가지 다양한 것들을 만들며 상상력과 창의력을 기를 수도 있고, 여러 명의 친구들과 함께 각자 만든 것들을 서로 연결하며 팀 작업으로 확장할 수 있다.

7 | 뜨개질 ─ 대바늘뜨기 & 코바늘뜨기

뜨개질은 소근육 조작에 좋은 활동으로, 실이 엮여서 면이 만들어지는 것을 아이들은 매우 신기해한다. 겨울철 바깥 놀이 활동이 줄어들 때 시간 보내기 좋은 놀이이다.

실을 엮으면 면이 된다는 것이 신기하다는 준규. 기본 뜨기를 가르쳐주었더니 점점 빠져들고 있다.(만 5세)

코바늘로 매트를 뜨고 있는 나를 보며 본인도 해보고 싶다고 해서 가르쳐주었더니 금세 재미있어한다.(만 7세)

다락방에 앉아 친구에게 선물할 털모자를 뜨고 있는 준규(만 8세)

8 | 바느질하기 & 단추 달기

집중력과 소근육 강화에 좋은 바느질은 아이에 따라 놀이라고 생각하지 않을 수도 있지만, 준규의 경우 4~5살 무렵 시간 가는 줄 모르고 하던 놀이다. 천에 색깔이 구분되는 실로 시침질을 하거나 단추를 달면서 놀았다. 그리고 크리스마스 원단을 사서 자른 후 기본 바느질로 두 장 뒤집어 꿰매기를 하며 크리스마스 장식을 함께 만들기도 했다. 남자아이라 별로 좋아하지 않을 거라 생각하지만 의외로 부산스런 준규도 집중하며 재미있어했다.

솜이 얇게 한 겹 들어가 있어 흐느적거리지 않는 천과 색깔 구분이 잘 되는 색실을 주었더니 바느질한 자리에 색깔들이 수놓아지는 것을 신기해하는 준규(45개월)

크리스마스 트리 패턴이 인쇄된 원단 한 장을 준규와 함께 오리고 꿰매고, 솜을 넣으며 만든 크리스마스 장식(만 4세)

9 | 집안일 하기

집안일 중에는 아이들이 놀이로 생각하는 일들이 많다. 방 정리는 싫어하지만 물놀이처럼 느낄 수 있는 설거지부터 빨래 널기, 채소 씻기와 다듬기, 요리하기 등 다양한 활동이 가능한 영역이 집안일 돕기이다. 어려서부터 놀이로 집안일을 접했던 아이들은 자연스레 관심을 가지고 집안일을 돕게 된다.

설거지는 물놀이처럼 시원하고 재미있는 촉감놀이(36개월)

화분에 직접 키운 상추를 따서 마당에서 씻는 중(만 4세)

할아버지와 함께 캔 고구마 줄기를 할머니와 함께 정리하
는 중(만 5세)

엄마, 엘리베이터 없는 집에서
살고 싶어요

나는 대학에서 건축을 전공했다. 유명하고 잘나가는 건축가가 되지는 못했지만 우리가 머무는 공간이 우리 삶에 얼마나 큰 영향을 미칠 수 있는가는 배웠다. 어린 시절 아이가 자라난 집은 아이의 평생에 가장 소중한 시간을 담는 장소이다. 그렇게 준규가 다섯 살 되던 해, 우리 가족은 아담한 계동 한옥으로 이사를 하게 되었다.

내 아이를 위해 선택한 집, 한옥

우리 부부는 결혼 후 아파트에 살았다. 현관문 닫으면 도둑 걱정 없고, 깨끗하고, 주차장에, 택배도 대신 받아주는 경비실도 있으니 큰 불편함을 느끼지 못하고 살았다. 오히려 결혼 전 원룸 생활로 여러 번 힘들게 이사 다닌 것을 생각하면 황송하고 감사한 일이기도 했다.

그런데 준규가 태어나고 달라졌다. 평소 조심스럽고 남에게 작은 피해도 주지 않으려는 남편은 아이가 거실에서 조금만 빠르게 걸어도 주의를 주었다. 나는 두세 살밖에 안 된 아이에게 그건 불가능한 요구라고 생각했다. 혹여 층간 소음 문제가 불거지더라도 그 상황을 지켜보면서 아이 스스로 조심해야겠다고 생각하는 게 맞지 않나 생각하던 나로서는 남편이 주의를 줄 때마다 신경이 날카로워지곤 했다.

그즈음 시골 친척집에 간 적이 있다. 집 앞으로는 과수원, 집 한 켠에는 닭장과 개집이 있고 장작더미가 쌓여 있는 허름한 시골 농가였다. 외가, 친가 모두 아파트라 이런 시골집을 경험할 기회가 없었던 준규가 돌아오는 차 안에서 말했다. "엄마, 저는 이렇게 엘리베이터 안 타도 되는 집에 살고 싶어요." 아이는 당시 엘리베이터에서 다른 층 사람들이 탈 때마다 항상 어쩔 줄 몰라 벽을 보고 서 있거나 내 다리 밑으로 들어가 숨곤 했다.

아이로 인해, 그동안 별 고민을 하지 않았던 집에 관한 생각들을 다시 하게

할아버지가 키워 보내주신 표고버섯을 햇볕에 말리려고 채반에 정리하는 중. 정리 미션을 받은 준규는 헤드랜턴을 하고 고무신을 신고 작업 모드로 들어갔다.(47개월)

되었다. 그리고 우리 부부는 아이가 유년 시절을 우리처럼 주택에서 마음껏 뛰놀며 자랐으면 좋겠다는 결론에 이르렀다. 그렇게 오랜 고민 끝에 도심 속 작은 한옥으로 결국 이사를 하게 되었다.

마음 같아서는 넓은 한옥 마당에서 뛰어놀게 해주고 싶었지만, 현실은 서울 도심 한복판 12평의 아주 작은 한옥이 우리가 선택할 수 있는 최선이었다. 어른에겐 작게 느껴질 수도 있는 집이지만 어린 준규에게는 하늘을 마주하고 바람을 느끼며 마음껏 뛰어도 되는 놀이터나 다름없었다. 우리 부부는 2평 남짓한 마당과 툇마루, 포근한 골목 그리고 다락방을 품은 이 한옥이 준규에게 행복한 유년 시절을 선물할 거라는 기대감을 가지고 한옥살이를 시작하게 되었다.

한옥에서 사계절을 느끼고 배우다

주위에는 아이 초·중·고 공부를 고려해서 학군 좋은 지역으로 미리 이사를 간 친구도 있던 터라, 한옥이 과연 교육을 고려한 집테크로 괜찮은지 우려의 목소리들도 있었다. 하지만 나는 자신만의 놀이터가 생겼다며 마당에서 막 뛰어놀 준규의 모습과, 툇마루에 앉아 부부가 커피 마시는 모습을 상상하는 것만으로도 설레고 행복했다.

한옥으로 이사 온 후, 일부러 산책을 나가지 않아도 일상이 휴식 같아졌다. 햇살과 바람을 느낄 수 있는 마당이 좋았고, 마루의 감촉도 참 좋았다. 집이 주는, 말로 설명하기 힘든 따뜻한 정서를 아이도 느끼며 하루하루를 보내고 있었다. 조금은 불편하고, 번거로울지라도 토요일 오후 처마 밑 툇마루에 누워 낮잠 한잠 잘 수 있는 그런 한옥이 좋았다.

소꿉놀이를 하다가 목욕놀이로 넘어가 마당 수돗가에서 물장난 중인 준규(48개월)

봄에는 햇살의 따스함을 느낄 수 있고, 마당의 모기장 속에서 여름밤을 느낄 수도 있으며, 가을이면 열린 대문으로 들어오는 바람과 함께 책을 한껏 즐길 수도 있다. 그리고 겨울이면 따뜻한 방바닥에 엎드려 온종일 뒹굴거릴 수 있는 한옥. 이렇게 아이는 계절마다 다른 집에 대한 추억들을 가지고 있다. 집 밖으로 나가서도 사계절을 충분히 느낄 수 있지만 일상을 보내는 집에서부터 사계절을 누리며 살고 있으니 이보다 감사한 일이 또 어디 있겠는가?

디지털 문명이 발달하면서 너무나 많은 것들을 누리며 살지만, 아날로그에 대한 향수는 늘 존재한다. 약간의 불편을 감수해야 하지만, 그만큼 한옥에서 누릴 수 있는 삶의 방식은 분명히 가치 있는 일상이 되고, 그 일상들을 경험하며 자라난 아이의 정서에도 따뜻함이 스밀 것이라고 믿는다. 그렇게 집을 통해 아이가 자연을 배우고, 자연을 통해 세상을 바라보기를 소망한다.

아이의 손길로 집을 꾸미다 — 그림 벽

한옥으로 이사를 준비하며 간단한 집수리를 하던 중이었다. 하루는 준규가 이사 가는 데 자신이 해야 할 일은 무엇이냐고 진지하게 물었다. 그즈음 아이가 즐겨보던 《Oxford Reading Tree》 책에서 주인공 가족이 이사를 가면서 온 가족이 새집을 페인트칠하고 단장하는 것을 읽은 터라 본인도 거들 일이 있을 것이라고 생각했던 것 같다. 새집에 본인이 보탬이 될 만한 역할을 간절히 바라는 것 같아 일부러 아이가 할 만한 일이 뭐가 있을까 고민하게 되었다.

한옥으로 이사 가기 전 살던 아파트에서는 현관 앞 긴 벽에 커다란 종이를 붙여서 그림도 그리고 낙서도 할 수 있는 공간을 마련해주었다. 그 벽 밑에는 항상 색연필과 사인펜, 크레파스 등 그림 도구들이 있었고, 아이는 많은 시간을 그곳에서 보냈다.

아파트에 있던 그림 벽의 발전된 형태로 새집 마당에 아이만을 위한

2010년 금호미술관 체험 전시에서 박스로 만들어진 공간에 그림도 그리고 낙서도 하는 중(25개월)

벽에 그림과 종이를 붙여주고 그 밑에는 색연필과 책들을 놓았더니 지나가다 눈에 띄면 그림(?)을 그리는 준규(26개월)

그림 벽이 있으면 좋겠다는 생각을 했다. 자신도 집을 위해 무언가를 했다는 마음도 실현시켜주면서 아이가 마음껏 상상의 나래를 펼칠 수 있는 그림 벽을 이어갈 수 있도록 하고 싶었다.

조금은 번거롭고 귀찮은 일들이 예상되기는 했다. 하지만 하루의 수고로움으로 준규에게 의미 있는 장소를 만들어줄 생각을 하니 살짝 설렜다. 아무 의미 없던 공간이 준규만의 특별한 경험을 통해 평생 기억될 유년 시절 추억 속 한 장면이 될 수도 있다고 생각했다.[*]

그림은 아이의 마음과 생각을 표현하는 수단

아이와 색을 골라 페인트를 주문하고, 아침부터 남편과 나는 그림 벽이 사고 현장이 되지 않도록 미리 비닐 테이프를 붙여 단단히 준비를 했다. 아이는 본인의 손이 닿는 곳까지 자신만의 벽을 조심조심 정성스레 칠했다. 그리고 페인트가 다 마르고 아이만의 특별한 캔버스에 그림을 그릴 수 있도록 해주었다. 아이는 종이가 아닌, 집을 자신만의 그림으로 꾸밀 수 있다며 행복해했다. 준규 친구들이나 집에 방문한 손님들과도

---

[*]   삶이란 다름 아니라 공간을 장소로 만드는 일의 연속이다. 일상은 실재로의 혁명으로 가득하다. 장소 만들기(Place-making)가 곧 삶이다. 장소 안에서 사람은 시간과 공간을 몸짓과 의미로 버무려 생의 마당을 만든다. 민병호 《인간장소》(문은당, 2017, p.71)

그 벽을 함께 채워나갔다. 그 이후에도 남편과 나는 그림 벽이 다 찰 때마다 몇 번의 거사를 더 치러야 했지만 아이에게는 더 없는 추억이 되었다.

앞치마를 두르고, 개구리 장화를 신고서 만반의 준비를 한 준규가 신중하게 아이보리 색 페인트를 칠하고 있다.(48개월)

엄마가 롤러에 페인트 묻혀주는 것을 기다리고 있는 준규(48개월)

새로 칠해 여백이 많은 벽에 신나게 그림을 그리는 준규(48개월)

아이는 여전히 그림 그리기를 좋아하고 즐긴다. 예전처럼 벽에 그림을 그리고 다시 페인트칠을 하자고 조르는 빈도는 줄었지만, 여전히 자신만의 그림 벽은 다락방 다음으로 아끼는 장소이다.

그림은 아이들의 마음이나 생각을 표현하는 수단이다. 어른의 눈으로 그림에 대한 한계를 긋기보다는 생활 속에서 놀이처럼 마음껏 그릴 수 있는 환경을 제공해주는 것만으로도 아이는 그림을 통해 자신을 표현할 수 있는 어른으로 자라지 않을까 생각해본다.

어디서든 할 수 있는 그림 벽 만들기

1 | 벽에 종이 붙이기

한옥으로 이사 오기 전 아파트에 살 때, 현관에서 거실까지 이어지는 1.5m 길이의 벽에 전지 종이를 붙여주었다. 그리고 그 벽 아래에는 크레파스, 사인펜 등 그림 도구들을 가득 담은 바구니를 늘 놓아두었다. 아이들 키우는 집에 가보면 아이가 벽에 낙서해놓은 흔적들을 쉽게 볼 수 있다. 차라리 한쪽 벽을 스케치북처럼 허용해주면 아이들은 그 욕구를 해소할 수 있는 공간이 생겨서 다른 곳에 낙서도 덜하게 되고, 오히려 약속된 벽에 그림을 마음껏 그릴 수 있게 되어 더 좋아한다. 종이가 가득 차면 아이와 함께 새 종이를 붙여주기만 하면 된다.

2 | 욕실 벽 활용하기

욕실 벽을 활용하는 방법도 있다. 목욕을 하기 전 수성 물감과 붓으로 욕실 벽에 그림을 그릴 수 있도록 해준다. 벽에 묻은 물감은 샤워기로 씻어내고, 아이 몸에 묻은 물감은 목욕하면서 씻어내면 되니 뒤처리가 편하다.

목욕 전 욕실 벽을 스케치북 삼아 물감으로 행위 예술 중인 준규(40개월)

3 | 창문 활용하기

아파트 거실 창문을 활용해서 그림 벽을 만들어줄 수도 있다. 시중에 판매되는 윈도마커나 글라스펜을 이용해서 유리창에 아이만의 특별한 그림을 그릴 수 있도록 해준다. 다 그리고 지울 수도 있고, 창문의 프레임 때문에 액자처럼 보이기도 한다. 유리라는 새로운 재료에 그림을 그리는 경험만으로도 아이가 호기심을 가지고 그림 그리기에 흥미를 보이는 장점이 있다.

아이에게도
독립된 공간이 필요하다

아이들은 벽장 속 나니아로 가는 문을 알고 있다

《우리는 무엇을 하는 회사인가?》(타임비즈, 2014)의 저자 크리스티안 마두스베르그와 미켈 B. 라스무센은 세계적으로 유명한 브릭 장난감 회사 레고에 대해 이렇게 분석했다.

레고는 1990년대 중반 판매 저조로 회사가 위기에 처하자 위기를 극복하기 위해 아이들 놀이의 본질에 관한 연구를 했다. 처음에는 아이들이 어떤 장난감을 좋아하는지에 관해 중점을 두었다. 그리고 아이들이 즉각적으로 자극을 주는 장난감을 좋아하는 것으로 판단하였다. 현대의 아이들은 시간이 없어 옛날처럼 길게 장난감을 가지고 놀 수 없으니까 짧은 시간 잠깐씩 할 수 있는 자극적인 전자오락이나 컴퓨터 오락에 매력을 느끼는 것이라고 판단하고 회사는 대책을 세웠다고 한다. 하지만 여전히 저조한 판매율을 보이자, 회사는 근본적으로 놀이 속에 감춰진 아이들의 욕망이 무엇인가에 집중하기 시작했고 그 결과 네 개의 범주로 놀이의 패턴을 분류했다.

레고가 발견한 놀이의 네 가지 특징

1. 감시(Under the radar): 아이들은 어른들로부터 벗어난 자기만의 세계 (공간)를 갖고 싶어 한다.

2. 위계(Hierarchy): 아이들은 등급과 서열을 좋아한다.

3. 기술 습득(Mastery): 아이들은 무언가를 완벽히 습득하기 위해 끊임없는 반복도 마다하지 않는다.

4. 사회적 놀이(Social Play): 아이들은 사회적 놀이를 좋아한다.

레고의 이야기에서 내가 눈여겨본 것은 놀이의 첫 번째 특징인 아이들의 독립적인 공간 이야기였다. 아이들은 벽장 속 코트 뒤에 숨어서 나니아*로 가는 문을 상상한다. 커다란 상자 속에 들어가 몸을 숨기며 미

★　　　나니아(Narnia)는 C. S. 루이스가 그의 소설 《나니아 나라 이야기》 시리즈에서 창조한 가상의 나라이다. 소설 속 아이들은 옷장 속에서 나니아로 가는 숨겨진 문을 발견한다.

지의 세계로 연결된 것 같은 온갖 상상의 나래를 펼친다. 아이들은 먼지가 가득한 좁은 공간, 구석진 공간, 침대 아래, 의자 아래, 심지어 개집처럼 좁고 은밀한 공간에 몸을 구겨 넣으며 놀기를 좋아한다.

책장에 꽂혀 있던 책을 꺼내고 그 속에 숨으려고 머리를 들이미는 준규. 책장 속 미지의 공간을 찾고 있는 듯하다.(23개월)

빈 상자 겉면에 그림을 그리고 구멍을 파서 그 속에 들어가 노는 준규. 상자 하나로도 다양한 놀이가 가능하다.(만 8세)

감시에서 벗어난 자기만의 비밀 공간, 다락방

한옥으로 이사 오면서, 아이가 가장 좋아한 공간은 다락방과 마당이었다. 구조상으로도 다락방은 아지트로 사용하기에 완벽한 공간이었다. 어른들의 손길이 덜 닿을 수밖에 없고, 은밀하고, 비밀스러우며, 아이들 키에 맞춤인 아늑한 공간이었다. 부모들의 감시에서 해방되어 본인만의 기술을 습득할 수 있는 최적의 공간인 것이다.

아이는 다락방을 실험실이라 부르며 그곳에서 비밀스럽고 자유롭게 자기만의 세계를 만들어나갔다. 뭔가 다른 세계로 통할 것 같은 다락 계단을 올라가 자기만의 상상력을 펼칠 수 있는 그 작은 공간에서 준규만의 역사가 생겼다. 가끔 올라가보면 어른 눈에는 난장판이라고밖에 말할 수 없을 정도로 엉망진창인 것처럼 보였지만 아이는 그 안을 헤집고 들어가 자기만의 시간을 보냈다.

레고로 가득한 준규의 다락방. 내 눈에는 엉망진창이지만 자기만의 스토리가 담긴 장소이다.(만 7세)   레고를 매개로 아이의 이야기가 담긴 세상(만 7세)

다락방은 점점 준규의 레고 작품, 종이접기, 책 등으로 가득해졌다. 어른이 허리를 펴고 앉기에 낮은 높이이고 그리 크지 않은 공간이다 보니, 내가 청소를 해주는 일도 거의 없었다. 자기만의 비밀 공간으로는 더없이 이상적인 공간이었다.

사람의, 특히 아이들의 사고는 어떤 공간에 머무느냐에 따라 상상력이 발산되기도 하고, 숨어버리기도 한다. 아이들에게 한 군데쯤은 나니아로 통하는 길을 만들어주는 것이 어떨까?

우리 아이 아지트 만들기

아파트에 살 때 아이에게 재미있는 공간을 만들어주고 싶어서 거실 한 켠에 아지트를 만든 적이 있다. 양면을 모두 사용할 수 있는 책장을 이용해 아이가 책장 뒤에 숨을 수도 있고, 혼자 아늑하게 들어가 앉아 있을 수 있도록 마련해준 이 공간은 그 당시 아이의 선호 공간 1순위이기도 했다. 이처럼 꼭 다락방이 아니더라도 아이들만의 공간을 만들어주는 방법은 다양하다.

1 | 책장으로 공간 만들기
책장 등을 활용하여 거실 혹은 방에 구분된 공간을 만들어주는 것만으로도 아이들은 자신들만의 세계를 탐험하며 즐거워한다.

베란다 확장 공간에 책장으로 공간을 구분해주었더니 들어가 노는 아이들 (30개월)

침대와 벽 사이 좁고 밀폐된 공간에 숨어서 노는 아이들(47개월)

2 | 숨을 공간 만들기
벽장을 활용하여 아이가 숨어 놀 수 있도록 아래 칸을 비워주었다. 아이는 틈만 나면 벽장 속으로 들어가 온갖 모험을 하기도 하고, 집에 찾아온 손님과 숨바꼭질을 즐기기도 했다.

벽장 아래를 비워주었더니 자기만의 아지트를 만들었다. 이곳의 한쪽 벽이 지하로 연결되도록 굴을 파고 싶어 했다.

기둥 뒤 수납 공간에 커다란 천을 매달아 커튼을 만들고 그 속에 숨어서 책읽기를 좋아하는 아이. 벽장의 한쪽 공간이 아지트가 되었다.

아이가 만드는 방의 역사

준규가 나니아로 가는 비밀의 문이 다락방에 있다면 준규 방은 준규의 우주이다. 준규의 우주는 자신만의 규칙으로 돌아가며, 무엇으로도 변할 수 있다.

한옥으로 이사하기 전, 망치질을 갈망하던 꼬마를 위해 외할아버지가 작은 나무 도마 하나를 만들어주었다. 아파트에 살던 때라 소음이 걱정되어 매트 위에 도마를 놓고 망치질을 하며 놀았었다. 도마 위로 못을 수없이 박고 뽑기를 반복하곤 했었다.

그때의 기억에 한옥으로 이사한 후, 망치질 한번 실컷 해보라는 마음에 준규 방에 한해서는 어디든 못을 박아도 된다고 허락해주었다. 콘크리트로 만들어진 아파트에서는 불가능했지만, 나무로 지어진 한옥이기에 가능한 부분이었다. 콘크리트 벽과는 달리 나무 기둥에는 못도 잘 들어가니 망치질에 대한 욕망을 충족시켜보라고 시작한 일이었다.

집수리를 하고 남은 나무 조각에 나사 박기 놀이 중(만 4세)

여기저기 못을 박고 커다란 천을 연결하여 만든 해먹에 앉아 무언가 적고 있는 준규(만 4세)

책장 속 책을 모두 꺼내어 공간을 만들고, 모든 책이 손에 닿아서 너무 편리하다며 그 속에서 독서하는 준규(만 4세)

그렇게 이사 후 아이는 틈만 나면 방에다 못을 박고 기상천외한 일들을 벌이며 놀았다. 못만 박을 것이라는 내 예상과는 달리 아이는 해먹을 달아매고 커튼을 다는 등 그야말로 다양한 아이템들로 방을 꾸며나갔다. 물론 준규 방에 들어서면, 엄마의 입장에서 하고 싶은 말들이 쏟아져나올 것만 같아 애써 꾹꾹 눌러야 했다. 벽은 종이접기 공룡들로 장식되어 있고, 그걸로 부족해 천장에 매달기까지 한 아이 방은 마치 뭔가 주렁주렁 달려 있는 무당집처럼 보여 깨끗이 치워버리고 싶었던 날이 수없이 많았다.

조용해서 가보면 어느 날은 책을 모두 꺼내 방을 미로처럼 해놓고 그 위에 올라앉아 책을 읽고 있기도 하고, 독서 의자를 만들어야겠다며 창문 아래 공간에 의자를 집어넣고 가림막을 치기도 했다. 의자 아래 공간에 카프라로 구조체를 만들어 온갖 인형들의 집을 만들듯 그들만의 아지트를 만들어주기도 했다.

망치질 하나 허락했을 뿐인데, 끈을 달고 천을 씌우며 한 단계 한 단계 확장의 단계를 거쳤다. 오롯이 자기만의 공간을 만들고, 다시 오지 않을 준규만의 '방의 역사'를 쓰고 있었다.

에어비앤비가 아이에게 준 선물
— 친구, 영어, 경험

에어비앤비로 친구를 사귀다

우리가 살고 있는 북촌은 외국인 관광객이 끊임없이 방문하는 곳이다. 한류를 타고 전해진 한국 문화에 대한 관심은 날로 커졌고, 한국의 전통 문화와 한옥을 체험하기 위해 해외 각지에서 온 외국인들을 동네에서 어렵지 않게 볼 수 있었다.

나는 호기심만 가지고 있다가 우연한 기회를 통해 우리 집 사랑방을 에어비앤비라는 숙박 공유 플랫폼에 호스팅하게 되었고, 그렇게 2012년부터 작은 사랑방에는 세계 각국의 외국인 손님들이 방문하고 있다. 우리 세 식구가 살기에도 좁은 집의 한 칸을, 손님을 위해 비워둔다는 것은 쉬운 일이 아니었다. 하지만 불편함을 조금만 감수하면 얻을 수 있는 것들이 너무나 많았다.

첫째, 숙박 공유로 얻어지는 수입을 통해 1년에 한 번 우리 가족의 해외 여행을 위한 돈을 벌 수 있다.

둘째, 늘 어학연수나 유학을 꿈꾸던 나에겐 영어 열등감을 극복할 수 있는 기회다. 손님을 통해 내 영어 실력을 올릴 수 있다.

셋째, 아이를 돌보며 시간을 많이 들이지 않고도 부업으로 할 수 있는 좋은 수단이다.

넷째, 아이의 영어 공부에 적잖은 시간, 비용, 노력을 들여야 하는데 준규에게도 좋은 환경이 될 수 있다.

다섯째, 각국에서 온 다양한 사람들을 만나서 그들의 이야기를 공유하는 것만으로, 여행에 대한 대리만족을 느낄 수 있는 기회다.

단점보다는 장점이 훨씬 많을 것 같다는 기대감으로 숙박 공유를 시작했다. 그런데 막상 시작하고 보니 예상했던 것보다 훨씬 재미있었고 얻는 것이 더 많았다.

우리 집을 다녀간 많은 친구들

첫 손님으로 독일에서 온 스벤은 그 후에도 매년 한국을 여행할 때마다 우리 집에서 묵으며 우리 가족과 친구가 되었다. 준규와 다락방에서 레고 놀이도 하고, 산책도 하며 준규의 삼촌이 되어주었다.

생후 3개월 때 한국에서 프랑스로 입양을 갔다는 한 젊은 청년은, 오래된 한국 여권을 보여주며 한국이라는 나라가 그저 궁금해서 왔다고 했다. 나와 점심 한 끼를 하러 나가자는 청년에게 따뜻한 엄마의 마음과 모국의 온기를 전하고 싶어서 정성껏 밥상을 차려주고 선물로 준규가 뱃속에 있을 때 만들었던 담요를 준 적이 있다. 잊지 못할 한국의 정을 느끼고 돌아간다며 그렇게 프랑스로 돌아갔다.

생후 7개월 아기를 데리고 한국 여행을 왔던 노르웨이 부부는 일주일을 부산에서 보내고 우리 집에 묵게 되었다. 일주일째 우유 말고는 아무것도 먹지 못했다는 아이 엄마의 말에, 이유식을 끓여주었더니 긴 감사의 편지를 남기고 간 적도 있다.

북한을 여행하고 왔다는 이탈리아에서 온 마르코는 준규에게 북한 사진을 보여주며 경험을 나눠주기도 했다. 북한에서 맥주병에 담아 판다는 잣 막걸리를 사왔다며 함께 먹자고 하기도 했다. 준규는 마르코 옆에 딱 붙어 앉아 연신 감탄사를 내뱉으며 북한 이야기를 들었다.

우리 집 사랑방 최연소 손님과 함께 장난스런 표정으로 기념 사진 한 컷(만 8세)

한국 여행 출발 직전, 이혼한 남편이 하교하는 아들을 데리고 이탈리아로 자취를 감췄다며 죽고 싶다는 아줌마는 일주일째 집 밖을 나가지도 않고 방에만 있어, 생각지 못한 마음고생을 하기도 했다. 따뜻한 밥한 끼 먹고 나면 이상한 생각은 안 들겠지 하는 마음으로, 하루에 한 번씩 밥을 차려서 방에 넣어주었더니 막장드라마에서나 나올 법한 파란만장한 인생을 들려주기도 했다.

에어비앤비 호스트가 되려면

에어비앤비는 호스트와 게스트의 두 가지 모드로 플랫폼을 이용할 수 있는데, 호스트가 되는 절차는 간단하다. 별도의 가입 비용 없이 무료로 숙소를 등록한다. 등록 단계에서 세부 사항(숙소 사진, 숙박 요금, 식사 지원 여부, 호스팅 가능 날짜 등)을 정하여 업로드한다. 숙박비는 1박에 1만 원부터 몇십만 원에 이르기까지 다양하다. 북촌 한옥마을의 경우 작은 방(2인실 기준) 하나의 평균 숙박비가 대략 8만~10만 원 내외이다. 그 점을 감안하여 우리 집은 하룻밤 60달러(1인), 75달러(2인)로 호스팅하였다.

게스트가 숙박을 원하는 지역을 검색하다가 우리 집 사진, 후기, 시설, 금액 등을 확인하고 문의 사항이 있을 경우 메시지를 보내는데, 실시간 문자 알림과 이메일 수신을 통해 문의 사항이 들어오면 답을 해주면 된다. 이후 게스트가 예약을 진행하면 찾아오는 교통편과 숙소 위치를 이메일로 알려주면 된다. 체크인 당일, 집을 찾는 과정을 돕거나 집 사용 규칙에 관련된 간단한 설명을 하는 것으로 손님맞이 과정이 끝난다.

체크인 전 손님이 묵을 방을 청소하고 준비하는 것 또한 호스트가 할 일이다. 처음 운영을 시작했을 때만 해도 문의 문자가 오거나 이메일을 보내야 할 때면 구글 번역기를 띄워놓고 영작을 하느라 진땀을 빼기도 했지만 6개월 정도가 지나자 나만의 매뉴얼이 생겨 조금씩 수월해졌다.

손님이 체크인 하는 날, 게스트 결제 금액의 3%(에어비앤비 플랫폼 수수료)를 제외한 숙박비가 호스트에게 송금된다. 이때 본사가 샌프란시스코인 회사는 건당 한화로 환전을 해서 송금해주기도 하지만, 호스트가 지정한 페이팔(Paypal, 온라인 지불시스템) 계좌로 송금되기도 한다.

나는 숙박비를 페이팔 계좌로 받았고, 그 돈을 한화로 환전하지 않고 그대로 두었다가 국내여행이나 해외여행을 할 때, 에어비앤비로 숙소를 예약하고 결제할 때 다시 사용하였다. 손님을 통해 받은 금액은 우리 가족의 여행 자금으로 쓰자는 것이 내가 사랑방 숙박 공유를 시작한 이유이기도 하다.

집에 남는 방이 있거나, 집을 오랫동안 비우게 되는 등의 일이 생기면 에어비앤비에 도전해보는 것도 좋을 것 같다. 여러 나라 사람들을 만나 각국의 이야기도 들을 수 있고, 자연스럽게 언어와 문화 교환은 물론 아이의 사회성 발달에도 도움이 된다.

에어비앤비로 영어를 배우다

사랑방 손님들에게 준규는 늘 인기 만점이었다. 어린 준규는 마루에서 손님들에게 점프해서 안기고, 다락방을 구경시켜주겠다며 손님 손을 잡고 들어가기도 하고, 본인이 만든 종이접기를 선보이기도 하고, 체스를 함께 하기도 하며 손님들을 반겼다. 케이팝을 좋아하느냐고 손님들에게 물으며 음악을 틀어놓고 춤을 선보이기도 했다. 귤 쟁반을 들고 손님방에 들어가서 한 시간씩 놀다가 나오기도 했다. 처음에는 손짓, 발짓, 표정으로 의사소통을 하더니 나중에는 대화 중간중간 "엄마"를 부르며 단어를 묻기도 했다.

영어 문장의 반이 'and'인데도 굴하지 않고, 엄마가 불법 주정차 딱지 떼일 뻔한 이야기를 손님에게 신이 나서 이야기

호주에서 온 손님, 헨리에타와 종이표창 던지기 놀이 중 과녁 한가운데 명중하자 환호하는 둘(만 10세)

한 적도 있다. 좀비에 빠져 있을 때는 아주 진지한 표정으로 맥스 브룩스의 좀비 백과사전 《세계대전Z》(황금가지, 2008)에서 읽은 좀비 대처법을 미국 청년에게 설명해주기도 했다.

준규는 예상했던 것보다 훨씬 스스럼없이 영어를 접하고 익혔다. 그런데 남편은 달랐다. 여전히 준규나 내가 집에 없을 때 손님이 오면 불을 끄고 없는 척을 한다. 우리나라에서 대학원 석사 과정까지 마쳤는데도, 말만 하려고 하면 문장 생각하다가 말문이 막혀버린다고 한다. 손님들에게 새해 첫날이라고 떡국이라도 같이 먹자고 하는 날이면 어느새 연기처럼 골방에 들어가서 문을 꼭 닫고 숨어 있는다.

언어를 어떻게 배워야 하는지 여실히 보여주는 대조적인 남편과 아들이다. 준규는 손님이 오면 달려 나가 용돈을 벌기 위해 체크인을 도와준다. 대문 열쇠 사용법, 방 안내, 웰컴 티나 간식 가져다 드리기 등 뭐든

서슴지 않고 한다. 돈을 늘 벌고 싶어 하는 준규는, 내가 부득이하게 손님 체크인 때 외출을 해야 하면 매우 좋아한다. 큰 용돈을 벌 기회이기 때문이다.

2012년 스벤이 우리 집에 처음 묵었을 당시, 마루에서 준규와 함께 나란히 앉아 찍었던 사진(만 5세)

2018년 두 아이의 아빠가 되어 우리 집을 방문한 스벤과 그의 두 딸(만 11세)

매일 세계 각지의 사람들을 만나며 준규는 일상에서 타인의 삶 일부를 체험한다. 또한 우리 가족의 반복되는 일상 속 낯선 이들의 발걸음이 더해져 새로운 하루를 만들어갈 수 있음에 감사하다.

에어비앤비로 세상을 경험하다 — 오스트리아 여행기

한옥 사랑방에 외국인 여행객을 받으며 꿈꿨던 것은 '우리 가족 배낭 여행 가기'였다. 하지만 외벌이 공무원 남편의 매달 비슷한 월급으로 생활을 하며 여행 비용을 마련하기란 쉽지 않았다. 그래서 에어비앤비를 통해 번 돈으로 우리 가족도 1년에 한 번씩 배낭여행을 가자고 계획했다.

그렇게 모은 돈으로 오스트리아를 여행했을 때의 일이다. 당시 남편도 휴가를 내어 일주일 정도 합류할 수 있었는데, 아이와 나 둘이서 여행할 때는 시간 여유도 있고 둘 다 조금 게으른 탓에 큰 부딪힘이 없었다. 아침에 일어나면 놀이터에 나가서 일단 동네 아이들하고 한참을 놀고, 박물관이며 명소들을 다니곤 했었다.

그런데 남편이 합류하고 나서는 조금씩 불협화음들이 생기기 시작했다. 시간이 얼마 없는 남편은 놀이터에서 계속 놀고 싶어 하는 아이 때문에 불만이 가득했다. 그러던 중 아이 아빠가 가고 싶다고 정해놓은 와인 저장고를 겸한 어느 식당에 가기로 한 날이었다.

비가 부슬부슬 내리던 날, 식당으로 가던 중 베토벤 놀이터로 불리는 곳을 지나치게 되었다. 아이는 놀이터에 마음을 빼앗겨 뒤도 돌아보지 않고 그리로 들어갔다. 나는 남편을 설득해서, 비도 피할 겸 지붕 아래 벤치에서 조금 놀게 하자고 했다. 한 시간쯤 놀게 하고는 다시 길을 가는데, 길을 잘못 들어 레스토랑은 보이지 않고 끝없는 언덕길만 계속 되는 것이었다.

아이는 아랑곳하지 않고, 오르막길 너머에는 뭐가 있는지 궁금하다며 계속 길을 따라 올라갔다. 계획대로 되지 않아 화가 난 남편을 보며 아이도 눈치를 보기 시작했다. 하지만 어느 한쪽도 물러설 기세가 안 보였고, 자기주장만 하는 준규 때문에 결국 남편은 폭발하고 말았다.

폭발한 남편 때문에 고집스럽게 산꼭대기까지 올라가보고 싶다는 준

와이너리 겸 레스토랑 가는 길에 숲속 놀이터를 발견하고 신난 표정을 짓는 준규(만 7세)

언덕 너머에 뭐가 있는지 궁금하다며 직진하는 아이를 따라가다 보니 어느새 등 뒤에 아름다운 포도밭이 펼쳐져 있었다.(만 7세)

규의 마음을 겨우 돌리고 뒤를 돌았는데 우리 셋 모두 탄성을 지르고 말았다. 우리 뒤로 어느새 영화에서나 나올 법한 아름다운 포도밭이 장관을 이루고 있었던 것이다. 오스트리아 빈 시내가 한눈에 내려다보이는 예상치 못했던 풍경에 화가 났던 마음조차 누그러졌다.

그 자리에 주저앉아 풍경을 감상하며 어디로 향할지 서로 눈치만 보고 있는데 인적 드문 그 길에 할아버지 한 분이 올라오고 있었다. 아들이 저 언덕 꼭대기까지 가고 싶어 하는데 얼마나 걸리느냐 물었더니 할아버지가 웃으며 답했다. 두 시간가량 걸리는데, 자기가 지름길로 매일 운동을 다니기 때문에 함께 가면 한 시간이면 충분하다고 했다.

남편도 아이 때문에 투덜대며 따라온 곳에서 마주한 경치에 마음이 누그러져서 할아버지와 동행하기로 마음을 바꿨다. 준규는 어느새 할아버지 손을 잡고는 앞장서서 기분 좋게 숲속 길로 들어섰다.

길을 오르는 내내 할아버지 손자 이야기며, 마을 이야기들을 들으며 산을 올랐다. 그리고 꼭대기에 오르자 더 멋진 광경이 펼쳐졌다. 그곳에서 할아버지와 음료수 한잔을 마시고 헤어져 숙소로 돌아왔다.

여행길에서 나를 돌아보다

그날 밤, 남편이 내게 말했다. 가끔씩 앞뒤 상황을 보지 않고 너무 무모해 보이는 준규의 행동들 때문에 화가 나고 답답할 때가 많았는데, 오늘 처음으로 생각을 되돌아보게 되더라는 것이었다. 인터넷에서 다른 사람들이 경험한 것을 그대로 따라 해보려 했던 자신의 계획보다 더 값

대책 없는 준규의 즉흥 여행에 남편은 폭발 직전이었으나, 길에서 만난 동네 할아버지와 함께 산꼭대기까지 가보기로 마음을 바꾸고 따라가는 중. 신이 나 할아버지 옆에서 뛰어가는 준규와 뒤를 따르는 우리 부부(만 7세)

진 여행을 한 것 같다고 했다. 멀리까지 귀한 시간을 내서 왔으니 등산 같은 걸로 시간을 허비하고 싶지 않다고 생각했는데, 정말 기억에 남는 추억이 될 것 같다는 것이었다.

나 또한 공감했다. 가끔 아이랑 여행을 하다 보면 뜻밖의 경험을 한다. 너무 본능에 충실한 아이고, 자기주장이 강하다 보니 맞춰주기 힘들 때도 있고 내 예상과는 다른 상황 전개에 당혹스러울 때도 많다. 그런데, 시간이 지나고 돌이켜보면 미리 계획한 어떤 여행보다도 즉흥적이지만 본능에 따라 움직였던 장소들이 훨씬 더 아름답고 인상적이었던

적이 많다. 자유롭게 하는 여행이 훨씬 더 즐거워서 숙박 따로, 교통편 따로 알아보며 떠나는 여행이었지만 나도 여전히 내 틀을 다 깨지 못하고 있다는 것을 아이를 통해 한 번씩 느끼게 될 때가 많다.

언젠가 2박 3일 일정의 여수 여행에서 한적한 바닷가 근처 숙소에 묵은 적이 있었다. 깜깜한 밤, 동네 탐방을 나가보자는 준규의 제안으로 나선 산책길에, 혼자가 아니라 셋이 함께 걷는데도 스마트폰 라이트에 의지하며 왠지 모를 긴장감이 느껴졌다. 이렇게 여행지라는 낯선 공간이 주는 자극만으로도 신체의 모든 감각이 새로움으로 충만해지는 것을 느낄 수 있다.

해외를 굳이 나가지 않고도 국내에도 좋은 곳들이 너무 많아 짧게는 주말을 이용해, 길게는 방학을 이용해 여행이 가능하다. 더구나 우리나라는 당일치기로도 여행할 수 있는 곳이 많이 있다. 이 장점을 이용해 아이와 어디로든 떠나보는 것은 어떨까? 낯섦이 주는 가벼운 긴장감 속에서 나도 모르던 아이의 모습을 보고 깜짝 놀라게 될지도 모른다. 나는 여행하는 준규의 모습을 보며, 진정한 여행이 무엇인지에 대해 다시 생각해보게 된다. 역시 부모는 자식을 통해 배우는 것이 참 많다. 특히 나 자신에 관하여…….

아이와 여행할 때 알아두면 좋은 팁

1 | 일정은 여유 있게

일단 일정은 여유 있게 잡는다. 많은 곳을 구경하려는 것보다는 하루 한두 곳 정도에서 충분히 쉬고 온다는 느낌으로 계획한다. 가령 속초와 같은 바닷가를 갈 때는 캠핑 의자 두 개를 반드시 트렁크에 넣어 간다. 바닷가 모래사장에서 하루 종일이라도 노는 아이를 여유 있게 기다려주려면 어른들의 쉴 곳이 편해야 아이를 기다리는 마음도 너그러워진다. 날씨가 좋을 땐 의자에서 낮잠도 자고 음악도 들으며 우리만의 시간을 보낼 수 있다.

2 | 여행도 놀이처럼

여행지 숙소를 아이가 찾아갈 수 있도록 한다. 승용차를 이용할 경우 내비게이션 설명을 맡긴다거나 걸어서 찾아갈 경우에는 아이에게 지도를 주어 미션 놀이처럼 받아들이도록 한다.

3 | 도화지에 풍경 담기

배낭에 그림 노트와 색연필을 준비해 간다. 사진으로 여행 기록을 남기는 것도 좋지만, 풍경을 도화지에 옮겨 담는 것도 낯선 풍경을 눈에 담아갈 수 있는 좋은 방법이다. 아이가 그림 그리는 동안 부모는 차나 맥주 한잔 마시며 숨을 고를 수도 있다.

준규와 아빠 단둘이 올레길을 걷던 중 준규가
스케치북에 그린 성산 일출봉 풍경(만 6세)

4 | 자전거로 탐방하기

자전거를 빌려 여행지를 둘러볼 것을 적극 추천한다. 국내여행이든 해외여행이든 자전거로 돌아보는 도시는 분명히 다르게 느껴진다. 아이들은 조금만 걸어도 다리가 아프다고 하는 경우가 많다. 이때 자전거를 이용하면 걸어서는 가보지 못할 곳들을 더 탐색할 수 있으며, 예상치 못한 풍경을 접할 수 있다. 그리고 이때 낯선 곳에서 아이들을 앞장서게 한다. 한두 시간 정도 아이에게 모든 것을 맡긴 채 아이가 가는 대로 따라가다 보면 예상치 못한 이야기들이 기다리고 있을 것이다.

신안 여행 중 자전거를 빌려 염전을 탐색하는 준규와 아빠(만 8세)

5 | 에어비앤비로 타인의 삶 공유하기

호텔도 좋지만, 에어비앤비를 통해 현지인들의 삶을 공유해보는 것도 여행의 값진 경험이 된다. 타인의 집에 방문했을 때 행동하는 법도 배울 수 있고, 머무는 동안 집주인의 다양한 취미 생활을 공유할 수도 있다.

숙소 선택 시 침대 시트가 흰색이라면 집주인이 깔끔한 성격인 경우가 많다. 어른이야 깨끗한 숙소가 최고지만 어린아이를 동반할 경우 색깔 있는 침구류를 쓰는 집이 오히려 마음 편할 때도 있다. 적당히 깔끔한 집일 경우 아이에게 주의를 덜 주어도 되고, 흰 침

에어비앤비로 묵었던 숙소 계단에 매달린 사다리 그네를 그 집 아이들과 번갈아 타며 노는 중(만 7세)

구류가 더럽혀질까 노심초사하지 않아도 되기 때문이다.

에어비앤비로 집 전체를 빌리는 경우도 있지만 방 하나만을 빌리는 경우에는 애완동물 여부, 아이들이 있는 집인지 등도 확인한다. 숙소에 묵으며 애완동물과 놀 수도 있고 집주인의 아이들과 함께 어울려 놀 수 있어서 여행의 즐거움이 배가 된다.

깊은 산 속 전기도 안 들어오는 오두막에서 2박 3일을 보내기 위해 온갖 캠핑장비들을 챙겨 출발!(만 8세)

아이를 기르며 내가 보였다

부모가 되기 전, 좋은 부모가 된다는 것이 얼마나 힘들고 위대한 일인지 알지 못했다. 나와 남편을 믿고 세상에 온 아이를 어떻게든 잘 키워내고자 공부하고 노력했다. 내 인생이기도 하면서 동시에 아이 인생이기도 한 복잡한 그 관계에서, 거리를 유지하기란 쉽지만은 않았다.

하루가 다르게 몸도 마음도 커가는 아이를 어떤 때는 아주 가까이에서 손을 잡아줘야 했고, 때론 한 발자국 뒤에서 묵묵히 뒤따라가야 했다. 육아에 너무 몰입한 나머지 내 인생과 아이 인생을 혼동하고 있는 것은 아닌지 끝없이 의심하기도 했다. 그런 현명함과 냉정함을 잃지 않는 것이 가장 어려웠고 여전히 어렵다.

진짜 좋은 부모가 되려는 길에서 결국 내가 보이기 시작했다. 아이를 키우면서 진짜 내 모습과 끊임없이 대면해야 했고, 나를 인정하고, 나를 바꿔야만 했다. 그 과정은 여전히 진행 중이기도 하다. 오롯이 나를 위한 여정이었다면 포기하고 말았을 순간들이 셀 수 없이 많다. 하지만 포기할 수 없었다. 엄마이기 때문에⋯⋯.

아이가 한 뼘 한 뼘 자랄 때마다 나 또한 성장하는 엄마이고 싶다. 다만 바라기를, 언젠가 준규 엄마가 아닌 성숙한 '진짜 사람'으로 더 멋지고 당당하게 제2의 인생의 출발선에 서 있기를 꿈꾼다.

마지막으로 준규를 키우며 '멋진 사람'이 되고자 노력하던 시간들 속에서 무한한 신뢰와 격려를 아끼지 않았던 준규 아빠 강현식에게도 감사의 인사를 전하며 글을 마친다.

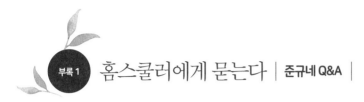

Q1 | 어떻게 홈스쿨링을 결심했나요?

아이 때문에 결심하게 되었습니다. 더 두었다가는 아이에게 정신 이상이 올 수도 있겠구나 싶었고, 본인의 힘든 점을 알아주지 않고 놔두는 부모와도 관계가 틀어질 수 있겠다는 것을 직감할 수 있었습니다.

Q2 | 공부는 어떻게 도와주나요?

부모가 원하는 공부가 아닌 아이가 원하는 공부가 우선이 될 수 있도록 늘 고민합니다. 그리고 늘 아이와의 대화를 통해 새로운 공부 방법을 시도해보고 수정해나가기를 반복합니다. 아이가 힘들 때 옆에서 공감해주는 것이 공부를 도와주는 데 있어서 가장 기본이면서도 중요한 포인트라고 생각합니다.

Q3 | 검정고시 준비는 힘들지 않나요?

검정고시 시험의 난이도는 어렵지 않습니다. 대부분의 유경험자들이 6개월만 준비하면 초등 자격 검정고시 시험은 충분히 패스할 수 있다고들 말합니다. 따라서 검정고시를 준비하는 것 자체는 힘들지 않습니다.

Q4 | 아이와 늘 붙어 지내는 게 힘들지 않나요?

힘듭니다. 밥해주는 것도 보통 일이 아닙니다. 하지만 붙어 지내다 보면 나름의 노하우가 생깁니다. 아이 혼자 자전거 타고 근처 도서관을 가거나 집 근처에 운동하러 나가는 시간이 제게는 혼자만의 자유를 누리는 시간입니다. 이렇게라도 서로의 시간을 확보하는 것이 필요합니다.

아이가 고학년에 접어들면서는 같은 공간에 있어도 자기만의 시간들이 늘어나서 지낼 만합니다. 저도 오히려 집중할 무언가를 찾기 위해 늘 탐색합니다. 그래야 시간도 잘 가고 서로 분리된 시간을 쓸 수 있으니까요.

Q5 | 중학교도 홈스쿨링을 할 건가요?

학교를 그만둘 무렵에 중학교는 다녔으면 했는데, 홈스쿨링을 해보면서 저는 중학교도 홈스쿨링을 했으면 하는 마음으로 바뀌었습니다. 얼마 전 중학교 진학 문제에 대해 아이의 의견을 물어보았습니다. 아이는 본인이 가고 싶은 고등학교가 있고, 그 학교 진학을 위해 중학교를 가야 할 것 같다고 말하더군요. 그래서 중학교는 아이의 목표가 달라지지 않는 한 홈스쿨링을 하지 않을 것 같습니다.

Q6 | 아이의 장래 희망이 뭔가요?

늘 바뀌는 것이 아이의 장래 희망이지요. 전에는 그냥 부자가 되어 바닷가 한적한 곳에서 책도 실컷 읽고 낚시도 하며 강아지들과 한가롭게 살고 싶다는 것이었는데, 최근에는 성공한 사업가로 바뀌었습니다. 로봇을 개발한 CEO가 되어 좋은 일을 많이 하고 부자가 되는 것이라고 합니다.

Q7 | 친구들과의 교류 문제는 어떻게 해결하나요?

늘 그 부분이 숙제입니다. 요즘엔 놀 시간이 없는 아이들이 대부분인 것도 고민거리이기는 합니다만, 우선적으로 동네 아이들에게 우리 집 대문을 항상 열어둡니다. 다행히 이웃집 동생들과 놀면서 친구 문제를 일차적으로 해결합니다.

또 예전 학교 친구들 가운데 집 근처 사는 친구들을 가끔씩 만납니다. 수업을 가거나 운동을 가서 친구들을 만나기도 하지만 활동 시간 이외에 만나는 경우는 드물기는 합니다.

최근에는 어린이 극단에 가입했습니다. 주말마다 감독님, 단원 친구들과 공연 연습도 하며 에너지도 발산할 수 있고, 무엇보다도 단체 생활을 하며 관계를 지속적으로 맺어나갈 수 있어서 매우 만족하고 있습니다.

Q8 | 아이 아빠는 홈스쿨링을 찬성했나요?

다행히 반대하지는 않았습니다. 전적으로 제게 선택을 일임하기는 했었습니다. 제가 자녀 교육에 있어서 본인보다 훨씬 잘하고 있다고 칭찬을 해주는 편이기 때문에 이견을 말하기보다는 지지해주었습니다. 다만 홈스쿨링을 시작하고 아빠의 역할에 대해 지속적으로 이야기하며 책임을 나눠가고 있습니다.

Q9 | 홈스쿨링 후 불안감은 없었나요?

불안감은 여전히 종종 찾아옵니다. 하지만 이 불안감이 학교를 보내지 않았기 때문에 느끼는 것은 아닌 것 같습니다. 자식을 키우며 부모로서 누구나 느끼는 불안감 아닐까요? 예를 들어 '과연 내가 이 아이를 잘 키우고 있는가?' 처럼요.
내가 부모라는 자격으로 한 아이를 육체적, 정신적으로 키워나가면서 내 양육 방식 또는 교육 방식이 올바른 방향인가에 대한 고민은 모든 부모들이 가진 공통점일 것입니다.

Q10 | 원래부터 홈스쿨링을 염두에 두었나요?

전혀요. 아마 미리 염두에 두었다면 선택하기까지의 과정이 덜 힘들었을 수도 있겠다는 생각은 합니다. 아무 정보도 없고 전혀 생각하지 않던 문제라서 고민의 시간이 2년이나 되기도 했고 그 과정이 너무 힘들기도 했습니다.

Q11 | 대학은 안 보낼 생각인가요?

그건 아이가 선택할 문제이긴 하지만 저는 아이가 좋은 대학을 가길 바랍니다. 물론 제 바람이고 아이가 원해야 갈 수 있겠지요. 하지만 남들이 대학을 가니, 대충 성적에 맞춰서 가는 것은 아니었으면 합니다.

본인이 좋아하는 분야의 미래의 동료들과 멘토를 만나기 위해 대학을 간다고 생각합니다. 그리고 평생 동안 가장 젊고 자유로울 수 있는 시간이라 저는 대학에 가서 평생의 친구, 아내, 동료를 만날 수 있기를 적극 바랍니다.

Q12 │ 학교를 안 가서 불편한 점들은 없나요?

있습니다. 하지만 학교를 안 가서 편한 점들도 많기 때문에 그것은 감수해야 하는 부분이라고 생각합니다. 다만 교육청이나 대학에서 주관하는 영재프로그램처럼 기본적으로 아이가 누려야 할 교육 혜택을 누리지 못할 때 불편하다기보다는 속상합니다.

Q13 │ 소속된 단체가 있나요?

북촌 한옥마을 소속입니다. 하하! 농담입니다. 종교가 없는 관계로 소속된 단체가 없습니다. 아이 때문에 종교를 가져야 하나 고민했던 적도 있지만 목적을 가지고 그렇게 할 만큼 용기가 나지 않았습니다.

Q14 │ 공부 계획은 어떻게 세우나요?

매년, 매월, 매일, 그리고 해이해질 때 다시 세웁니다. 아이와 상의해서 하고 싶은 과목을 정하고 1년의 학습량을 정합니다. 그리고 한 달, 하루 분량을 정합니다.

Q15 │ 일과가 잘 지켜지나요?

아니요. 그리고 네. 어떤 날은 순조롭게 지켜지기도 하고 어떤 날은 우여곡절이 많기도 합니다. 하지만 어디 인생이 늘 계획대로되던가요? 편하게 생각하려고 노력합니다.

Q16 │ 홈스쿨링을 추천하고 싶나요?

네! 대신 아이가 원한다면요. 아이를 학교에 맡겨두고 알아서 하겠지 하는 방관자적인 입장을 취할 수만은 없어서 부모의 역할을 열심히 하게 됩니다. 오롯이 아이만 보며 아이의 장점이나 관심사를 파악하기 쉽고, 아이만의 속도로 꾸려나갈 수 있기 때문입니다.

대안학교 리스트

인가(認可) 대안학교 현황

2017년 교육통계서비스(kess.kedi.re.kr) 자료에 따르면 2017년 4월 기준, 대안교육 각종학교의 수는 총 32개이며, 초·중·고교 과정 각각을 운영하는 학교와 초·중, 중·고, 초·중·고 통합과정을 운영하는 학교가 혼재한다. 이 중 초등학교 과정을 운영하는 학교는 8개, 중학교 과정은 21개, 고등학교 과정은 19개이다. 대안교육 각종학교에 재학 중인 학생은 총 3,072명(남학생 1,746명, 여학생 1,326명)이며, 이는 전체 초·중·고등학교 과정 재학생의 약 0.05%에 해당한다.

<표1> 대안교육 각종학교 [32교: 공립10교/사립22교]

시도	학교명(과정)	설립 구분	설립 연도	소재지
서울	서울 실용음악학교(고)	사립	2009	중구 신당동
	여명학교(고)	사립	2010	중구 남산동
	지구촌학교(초)	사립	2012	구로 오류동
	다솜 관광고등학교(고)	공립	2012	종로 숭인동
인천	인천 청담학교(고)	사립	2011	연수 동춘동
	인천 해밀학교(중·고 통합)	공립	2012	남동 구월동
	인천 한누리학교(초·중·고 통합)	공립	2013	남동 논현동
광주	월광 기독학교(초)	사립	2014	서구 화정동

시도	학교명(과정)	설립 구분	설립 연도	소재지
대전	그라시아스 음악고등학교(고)	사립	2012	서구 도마동
	그라시아스 음악중학교(중)	사립	2017	서구 도마동
울산	두남중고등학교(중·고 통합)	공립	2017	울산 울주군
경기	TLBU글로벌학교(초·중 통합)	사립	2008	경기 고양시
	화요일 아침예술학교(고)	사립	2011	경기 연천군
	쉐마 기독학교(초·중·고 통합)	사립	2011	경기 양주시
	새나래 학교(중·고 통합)	사립	2011	경기 용인시
	경기 새울학교(중)	공립	2013	경기 이천시
경기	광성 드림학교(초·중 통합)	사립	2014	경기 고양시
	하늘꿈학교(중·고 통합)	사립	2016	경기 성남시
충북	글로벌 선진학교(중·고 통합)	사립	2011	충북 음성군
	한국 폴리텍다솜학교(고)	사립	2012	충북 제천시
	다다예술학교(초·중 통합)	사립	2017	충북 청주시
	은여울 중학교(중)	공립	2017	충북 진천군
충남	여해학교(중)	공립	2013	충남 아산시
경북	한동 글로벌학교(초·중·고 통합)	사립	2011	경북 포항시
	글로벌 선진학교 문경(중·고 통합)	사립	2013	경북 문경시
	산자연학교(중)	사립	2014	경북 영천시
	나무와학교(중)	사립	2014	경북 영천시
	링컨학교(중·고 통합)	사립	2017	경북 김천시

시도	학교명(과정)	설립 구분	설립 연도	소재지
경남	꿈키움중학교(중)	공립	2014	경남 진주시
	지리산중학교(중)	사립	2014	경남 하동군
	고성 음악고등학교(고)	공립	2017	경남 고성군
	밀양 영화고등학교(고)	공립	2017	경남 밀양시

<표2> 대안교육 특성화중학교 [14교: 공립4교/사립 10교]

지역	학교명	설립 주체	지정 연도	소재지
광주	평동중학교	공립	2014	광주시
경기	두레자연중학교	사립	2003	화성시
	이우중학교	사립	2003	성남시
	헌산중학교	사립	2003	용인시
	중앙기독중학교	사립	2006	수원시
	한겨레중학교	사립	2006	안성시
강원	팔렬중학교	사립	2011	홍천군
	가정중학교	공립	2017	춘천시
전북	전북동화중학교	공립	2009	정읍시
	지평선중학교	사립	2002	김제시
전남	용정중학교	사립	2003	보성군
	성지송학중학교	사립	2002	영광군
	청람중학교	공립	2013	강진군
경남	남해상주중학교	사립	2015	남해군

<표3> 대안교육 특성화고등학교 [25교: 공립4교/사립21교]

지역	학교명	설립 주체	지정 연도	소재지
부산	지구촌고등학교	사립	2002	연제구
대구	달구벌고등학교	사립	2003	동구
인천	산마을고등학교	사립	2000	강화군
광주	동명고등학교	사립	1999	광산구
경기	두레자연고등학교	사립	1999	화성시
	경기대명고등학교	공립	2002	수원시
	이우고등학교	사립	2003	성남시
	한겨레고등학교	사립	2006	안성시
강원	전인고등학교	사립	2005	춘천시
	팔렬고등학교	사립	2006	홍천군
	현천고등학교	공립	2014	횡성군
충북	양업고등학교	사립	1998	청원군
충남	한마음고등학교	사립	2003	천안시
	공동체비전고등학교	사립	2003	서천군
전북	세인고등학교	사립	1999	완주군
	푸른꿈고등학교	사립	1999	무주군
	지평선고등학교	사립	2009	김제시
전남	영산성지고등학교	사립	1998	영광군
	한빛고등학교	사립	1998	담양군
	한울고등학교	공립	2012	곡성군

지역	학교명	설립 주체	지정 연도	소재지
경북	경주화랑고등학교	사립	1998	경주시
경남	간디고등학교	사립	1998	산청군
	원경고등학교	사립	1998	합천군
	지리산고등학교	사립	2004	산청군
	태봉고등학교	공립	2010	창원시

출처: 교육부(2017) 대안학교 및 대안교육 특성화학교 현황

비인가(非認可) 대안학교 현황

2017년 교육통계서비스(kess.kedi.re.kr) 자료를 기준으로 교육부 비인가 초등학교가 18개교, 기독교 비인가 대안학교 중 초등과정이 포함된 곳이 대략 13개교, 도시형 대안학교(미인가)가 23개교 정도로 추정된다. 이외 비인가 학교로 도시형 대안학교 23개교, 전원형 대안학교 12개교, 초등 대안학교 18개교, 기독교 대안학교 75개교로 추정된다.

학교 밖 아이들을 위한 대안교육

홈스쿨링을 진행하면서 학교 밖 교육 단체들을 찾아보게 되었다. 이외에도 많은 좋은 프로그램들이 있겠지만, 내가 알고 있는 몇 군데를 소개한다.

1 | 대안교육기관 및 지원조직

대부분의 프로그램이 중학생 이상의 청소년을 대상으로 운영된다.

단체명	특징	홈페이지
민들레	대안교육 전문지 발행	www.mindle.org
대안교육연대	대안교육운동을 활발히 하고자 대안교육 연구사업, 교사 학부모에 대한 교육사업, 협력과 연대의 네트워킹 사업 진행	www.psae.or.kr
꿈드림	학교 밖 청소년들을 위한 지원프로그램 운영(상담, 교육, 직업체험 및 취업지원 등)	www.kdream.or.kr
서울시 학교밖 청소년지원센터	학교 밖 청소년의 자립과 성장을 위하여 재단법인 한국천주교살레시오회가 서울시에서 위탁받아 운영하는 기관	www.sstar.seoulallnet.org
서울혁신파크	사회혁신 플랫폼을 기획하고 제공하는 기관	www.innovationpark.kr
꿈이룸학교	예술대안학교	dctschool.creatorlink.net

2 │ 하자센터

연세대학교가 서울시의 위탁을 받아 운영하는 청소년 진로교육기관으로 공식 명칭은 '서울시립 청소년직업체험센터'이다. 아동과 청소년들에게 대안적 진로 교육 및 창의교육 프로그램을 제공하고, 청장년들에게는 2006년부터 사회로 진출하는 청년들의 길을 모색하며 지속가능한 일자리 창출을 위해 사회적 기업 인큐베이팅을 지원하기도 했다. 하자센터 홈페이지(www. haja.net)에서 자세히 알아볼 수 있다.

2001년에 탈학교 청소년들을 위한 하자작업장 학교를 설립하여 2019년부터 오디세이 학교(고교 자유학년제, 1년 과정 전환학교)를 운영 중이며, 초등 고학년 학생을 위한 청개구리 작업장과 7세부터 이용 가능한 리사이클 소재 실험실 'Frog Lab' 운영, 허브를 중심으로 지역 커뮤니티 활성화를 위한 공유부엌, 카페 등을 운영한다.

3 │ 초등 저학년도 이용 가능한 프로그램

대부분의 프로그램이 중학생 이상의 청소년들부터 이용이 가능하도록 설계된 것들이 많아 준규가 단체 활동을 하는 데 많은 어려움이 있었다. 위에서 말한 하자 센터의 Frog Lab을 포함하여 저학년도 이용할 수 있는 프로그램을 소개한다.

프로그램명	특징	관련 사이트
Frog Lab (프로그 랩)	'쓰레기가 실험의 재료가 되는 어린이 작업실'이라는 콘셉트로 사전 예약제이다. 어린이가 자신이 선택한 재료를 가지고 가설을 세우고 구조를 설계하며 다양한 실험을 해볼 수 있는 공간을 제공한다. '쓰레기가 실험의 재료가 되는 어린이 작업실'이라는 콘셉트로 운영된다.(7세 이상)	www.instagram.com/frog_lab
이문238 (DD238)	아이들이 자신만의 작업을 할 수 있는 곳. 준비된 재료와 도구들로 스스로 그리고, 만들고, 실험해보는 자율적인 공간이다. 인기 있는 작업으로는 집 만들기, 책 만들기, 무기 만들기 등이 있다.(6세 이상)	dd238.kr
페이퍼풀즈 (paperpools)	어린이 디자인 스튜디오로 문학, 디자인, 예술, 철학, 교육에 특화된 전문가로 구성되어 있어 유아부터 10대까지 발달 단계에 따른 놀이와 건축, 커뮤니티를 기획한다.(5~13세, 13세 이상은 상담 후 개설)	blog.naver.com/seoulpencil

초보엄마 안심 이유식

베베쿡 지음 | 12,600원

이유식 1위, 베베쿡 비밀 레시피 공개!

5년간 120만명이 먹은 베베쿡 이유식, 이제 초보엄마도 만든다!

★ 초보엄마 이유식 3단계 해결법 ··········

1. 월령별 이유식 식단표에서 레시피 선택!

2. 이유식 체크리스트 확인!

3. 안심 레시피로 이유식 조리!

초보엄마 2~7세 알찬밥상

베베쿡 지음 | 14,800원

초보엄마도 따라하면 집밥의 힘이 샘솟는다!

· 급식과 외식에 노출되는 초등 전, 집밥의 힘을 선물할 시기!

· 편식방지를 위한 식판식, 한그릇밥, 도시락

· 아이밥상+어른밥상 한번에 차려 1석2조!

★ 초보엄마도 쉽게 따라하는 알찬밥상 3단계 ·········

1. 베테랑 영양사의 최강식단 따라하기

2. 국내 최고 푸드스타일리스트 따라하기

3. 가족밥상 활용법 따라하기

심정섭의 대한민국 학군지도

심정섭 지음 | 23,000원

자녀교육+노후대비 최고 해결사! 똑똑한 아파트 찾기!

- 학업성취도 100위 학교 철저분석!
- 우수학교 배정아파트 시세분석!
- 세종시, 강동, 용인 수지 3개 학군 추가 수록

★ 학군지도 3가지 효과 ┄┄┄┄┄┄┄┄┄┄┄┄┄

1. **왕초보 엄마아빠도 학군 전문가로 변신!!**
   '학교알리미' 사이트 200배 활용법 대공개!

2. **전국 명문학군 아파트 배정표+시세표를 한눈에!**
   전국 19개 명문학군 학교, 아파트, 학원가 철저분석!

3. **부동산 입지의 핵심 요소인 학군, 완벽 이해!**
   학군의 부동산적 의미와 저출산시대의 학군 전망!

심정섭의 대한민국 입시지도

심정섭 지음 | 19,800원

수능, 내신, 학종 3갈래 우리 아이 지름길 찾기

- 20년차 대치동 입시전문가의 교육 로드맵!
- 상위권, 중위권, 하위권별 입시전략 대공개!
- 변하는 입시제도에도 흔들리지 않는 부모내공 기르는 법